Sehnsucht
ISLAND

»Wer kennt so friedlich Vaterland,
mit Fjord und Tal und blauem Sand,
mit Nordens Lichter buntem Band
und Baum und Quell am Hang?«

Hulda (Unnur Benediktsdóttir Bjarklind)

Sehnsucht ISLAND

SAGENHAFTES LAND DER ELFEN

Helmut Hinrichsen
Max Schmid

BRUCKMANN

Inhalt

Diese Seite: Der Leuchtturm auf der Landspitze von Langanes
S. 6/7: Brandung am alten Hafen von Dyrhólaey
S. 8/9: Flussarme in der Feuchtlandregion Þjórsárver
S. 10/11: Blick von Harpa zum Seglerhafen

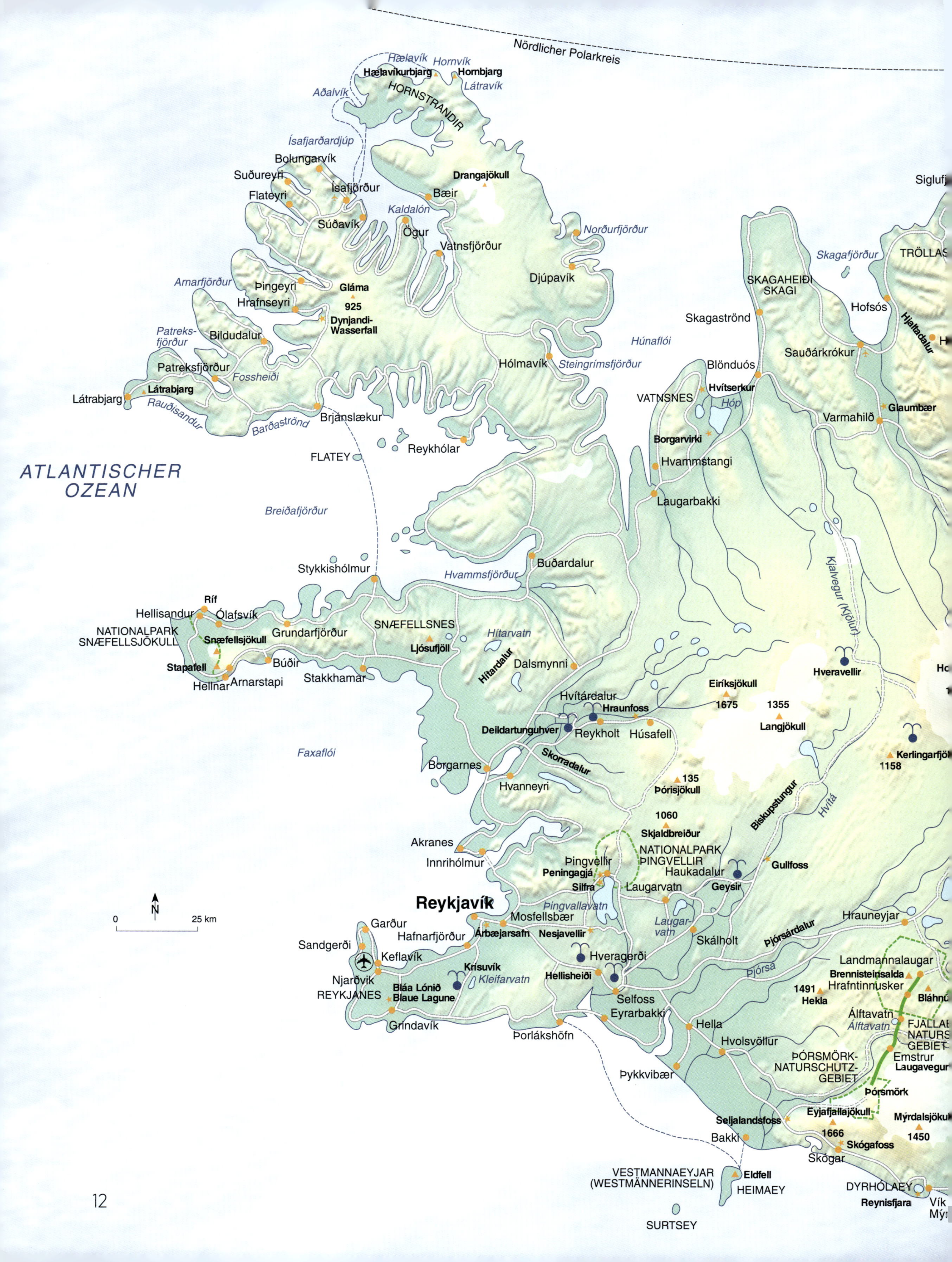
Nördlicher Polarkreis
Hælavík
Hornvík
Hælavíkurbjarg
Hornbjarg
Látravík
Aðalvík
HORNSTRANDIR
Ísafjarðardjúp
Bolungarvík
Suðureyri
Ísafjörður
Flateyri
Drangajökull
Bæir
Kaldalón
Súðavík
Ögur
Norðurfjörður
Vatnsfjörður
Djúpavík
Arnarfjörður
Þingeyri
Gláma
925
Hrafnseyri
Dynjandi-Wasserfall
Patreks-fjörður
Bíldudalur
Patreksfjörður
Fossheiði
Látrabjarg
Látrabjarg
Rauðisandur
Barðaströnd
Brjánslækur
Hólmavík
Steingrímsfjörður
Húnaflói
Reykhólar
FLATEY
ATLANTISCHER OZEAN
Breiðafjörður
Siglufj
Skagafjörður
TRÖLLAS
SKAGAHEIÐI SKAGI
Skagaströnd
Hofsós
Hjaltadalur
Sauðárkrókur
Blönduós
VATNSNES
Hvítserkur
Hóp
Glaumbær
Varmahlið
Borgarvirki
Hvammstangi
Laugarbakki
Stykkishólmur
Buðardalur
Hvammsfjörður
Kjalvegur (Kjölur)
Rif
Hellisandur
Ólafsvík
NATIONALPARK SNÆFELLSJÖKULL
Grundarfjörður
SNÆFELLSNES
Snæfellsjökull
Ljósufjöll
Hítarvatn
Hítardalur
Stapafell
Búðir
Dalsmynni
Hellnar
Arnarstapi
Stakkhamar
Hveravellir
Eiríksjökull
1675
Hvítárdalur
Hraunfoss
1355
Langjökull
Deildartunguhver
Reykholt
Húsafell
Faxaflói
Kerlingarfjöll
1158
Skorradalur
Borgarnes
Hvanneyri
135
Þórisjökull
1060
Skjaldbreiður
Biskupstungur
Hvítá
NATIONALPARK ÞINGVELLIR
Akranes
Innrihólmur
Þingvellir
Peningagjá
Haukadalur
Gullfoss
Silfra
Laugarvatn
Geysir
Reykjavík
Þingvallavatn
0
25 km
Garður
Mosfellsbær
Hrauneyjar
Hafnarfjörður
Árbæjarsafn
Nesjavellir
Laugarvatn
Skálholt
Þjórsárdalur
Sandgerði
Keflavík
Hveragerði
Landmannalaugar
Krísuvík
Hellisheiði
Þjórsá
Brennisteinsalda
Hrafntinnusker
Njarðvík
Kleifarvatn
1491
Hekla
REYKJANES
Bláa Lónið
Blaue Lagune
Selfoss
Eyrarbakki
Álftavatn
Álftavatn
Grindavík
Þorlákshöfn
Hella
Hvolsvöllur
ÞÓRSMÖRK-NATURSCHUTZ-GEBIET
Emstrur
Laugavegur
Þykkvibær
Þórsmörk
Eyjafjallajökull
Mýrdalsjökull
Seljalandsfoss
1666
1450
Bakki
Skógafoss
Skógar
VESTMANNAEYJAR (WESTMÄNNERINSELN)
Eldfell
HEIMAEY
DYRHÓLAEY
Reynisfjara
Vík
SURTSEY

Grímsey
Rauðinúpur
Hraunhafnartangi
Raufarhöfn
MELRAKKASLETTA
LANGANES
Kópasker
Þistilfjörður
ATLANTISCHER OZEAN
Öxarfjörður
Þórshöfn
Bakkaflói
Skjálfandi
Ásbyrgi
Húsavík
Bakkafjörður
Hljóðaklettar
JÖKULSÁRGLJÚFUR-NATIONALPARK
Vopnafjörður
Dettifoss
Hafragilsfoss
Vopnafjörður
Leirhnjúkur
818
Krafla
Goðafoss
Akureyri
Reykjahlíð
Mývatn
Hverarönd
Jarðböðin
Lavafeld Dimmuborgir
Skjálfandafljót
Húsey
Borgarfjörður Eystri
Bakkagerði
Jökulsá á Fjöllum
Jökuldalsheiði
Aldeyjarfoss
Seyðisfjörður
Egilsstaðir
Lagarfljót (Lögurinn)
Neskaupstaður
Sprengisandur
Herðubreiðarlindir
Atlavík
Eskifjörður
Lavafeld Ódáðahraun
1682
Hallormsstaðaskógur
Dänemark, Faröer
Dyngjufjöll
Skriðuklaustur
Reyðarfjörður
Öskjuvatn
Fáskrúðsfjörður
1510
Askja
Kárahnjúkar
Stöðvarfjörður
Breiðdalsvík
Búlandstindur
1392
Virkisfell
Snæfell
1833
Berufjörður
Túngnafellsjökull
Biskupsfell
Djúpivogur
Brúarjökull
PAPEY
1920
2009
Kverkfjöll
Bárðarbunga
Vatnajökull
1719
Grímsvötn
Lón
Lónsöræfi
Hvalnes
NATIONALPARK VATNAJÖKULL
Hornafjörður
Stokksness
Höfn í Hornafirði
Langisjór
Breiðamerkurjökull
Jökulsárlón
Öræfajökull
Skaftafell
Hvannadalshnjúkur
2110
SKEIÐARÁRSANDUR
Kirkjubæjarklaustur
INGÓLFSHÖFÐI
Fjaðrárgljúfur
ATLANTISCHER OZEAN

Einleitung

SAGENLAND UND NATUR-PARADIES

VERLIEBT IN EIN LAND

Es war grau und kalt, als ich Anfang März am Flughafen in Keflavík die Gangway hinunterstieg. Ich wollte den Zwischenstopp auf dem Flug von New York nach Luxemburg nutzen, um drei Tage in Reykjavík zu bleiben und mir die exotische Insel, von der ich so wenig wusste, anzuschauen.

Der erste Eindruck, den der Besucher auf der 50 Kilometer langen Busfahrt von Keflavík nach Reykjavík bekommt, ist eine karge Lavalandschaft. Kaum ein Strauch gedeiht in der rauen Lava, und die wenigen Bäume, die man nahe kleinen Hütten gepflanzt hat, werden von Wind und Regen gepeitscht. Es war kein einladender erster Eindruck, und zudem herrschte im März in Island immer noch Winter. Es gab zwar erstaunlich wenig Schnee, aber die Temperaturen lagen um den Gefrierpunkt, und der starke Wind verstärkte den Eindruck eisiger Kälte. Was hatte mich nur dazu bewegt, meinen Rückflug in diesem öden, kalten Land zu unterbrechen?

Individuelles

Wer würde nicht gerne etwas selber entdecken? Nicht weit von der Ringstraße stürzt der Fluss Víðidalsá an diesem kleinen Wasserfall hinunter in die Schlucht Kolugljúfur. Erik der Rote zog von seinem Hof Eiríksstaðir (auf dem Foto eine Rekonstruktion) in Haukadalur auf Entdeckungsreise und gründete 985 n. Chr. die erste Wikingersiedlung in Grönland. Sein Sohn Leifur entdeckte Amerika. Im kleinen Heimatmuseum in Hnjótur am Patreksfjörður hat jedes Sammelstück seine eigene Geschichte.

»Der allein, der viel gereist und durch die Welt gewandert ist und versteht, seinen Verstand zu gebrauchen, kennt Art und Gemüt der Menschen.«

Hávamál, Lieder-Edda

Die Antwort ließ drei Tage auf sich warten. In dieser Jahreszeit waren nur wenige Gäste in der Jugendherberge in Reykjavík. Ich lernte ein Paar aus den USA kennen, und zusammen mieteten wir ein Auto, um den Wasserfall Gullfoss und das Thermalgebiet von Geysir anzuschauen. Der Hochpass über Hellisheiði war zwar schneefrei, doch wegen Glatteis mussten wir äußerst vorsichtig fahren.

Dann kam die erste Überraschung: der Wasserfall Gullfoss in einen weißen Eispanzer gehüllt. Doch selbst Frost und Eis vermögen nicht den mächtigen Gletscherfluss Hvítá zu bändigen, der in zwei Kaskaden in die beeindruckende Schlucht hinunterstürzt. Was für eine Kraft steckte in dieser Natur! Auch unser zweiter Stopp im Thermalgebiet von Geysir verstärkte den Eindruck ungebändigter Naturkräfte. Dort befanden wir uns plötzlich in Teufels Küche: Dampf stieg aus brodelnden Quellen, und der Geysir Strokkur eruptierte in Abständen von wenigen Minuten. Auf der Rückfahrt nach Reykjavík herrschte Schweigen im Auto, die Eindrücke hatten uns überwältigt.

Anstatt nach drei Tagen zurückzufliegen, fuhr ich per Anhalter ins Fischerdorf Grindavík und heuerte auf einem Fischerboot an. Das Fischen im Nordatlantik ist kein Kinderspiel. Wir holten die Netze selbst bei Windstärke 6 bis 8 (10 bis 20 m/s) ein. Erst bei 10 Windstärken (ca. 25 m/s) suchten wir Schutz im Hafen. Doch mit dem Frühjahr wurden auch die Tage länger. Als ich im April zum ersten Mal die Sonne als roten Feuerball hinter den Gletschern aufsteigen sah, gab es kein Zurück mehr. Das Land hatte mich in seinen Bann gezogen. Die Nächte wurden immer kürzer, und im Mai konnten wir selbst um Mitternacht noch die Netze einholen. Vom Schiff aus hatte ich die Brandung an den steilen Klippen des Krýsuvíkurbjarg und den Dampf aus dem Thermalgebiet beim Leuchtturm Reykjanesviti aufsteigen sehen. Jetzt wollte ich auch das Land näher kennenlernen. Im Sommer reiste ich um die Insel und entschied mich, auch den Winter zu bleiben, um an der Universität Islands einen Kurs in Isländisch zu absolvieren.

Aus den drei Tagen, die ich ursprünglich für den Besuch geplant hatte, sind heute fast 40 Jahre geworden, und noch immer bin ich in die isländische Natur verliebt. Im folgenden Frühjahr lernte ich den Fotografen Max Schmid kennen, und gemeinsam unternahmen wir Wanderungen in der Umgebung von Reykjavík und Exkursionen ins Hochland. Sein Blick für Motive und Strukturen zeigte mir Island, wie ich es zuvor noch nicht gesehen hatte. Er lehrte mich auch, auf die kleinsten Details zu achten, im Eis eingefrorene Luftblasen etwa oder Hexenringe im Moos. Die Natur ist der Künstler und der Fotograf sein Lehrling. Seine Fotos inspirieren und erwecken eine Begierde, die man nur stillen kann, indem man selbst nach Island reist.

Freiheit

Die jungen Islandpferde weiden während der Sommermonate frei in den Bergen und auf der Hochweide. Nicht zuletzt dieser Freiheit verdanken die Pferde ihren willigen Charakter. Der Berggipfel Kirkjufell scheint an die Wolken zu stoßen. In der klaren isländischen Luft genießt man eine weite Aussicht. Ein Pfad aus roter Asche schlängelt sich in Grímsnes schier endlos über die Weide. Die Asche stammt aus einer Kraterreihe bei Seyðishólar.

Das Meer strömt in die Träume derer, die vor offener See schlafen, und das Bewusstsein füllt sich mit Fischen und ertrunkenen Kameraden, die traurig mit der Flosse winken anstatt der Hand.

Jón Kalman Stefánsson, Himmel und Hölle

Ich saß am Abend und schaute
hoch in himmelblaue
Nacht, und meine Augen
sanken tief ins schwarze All,
ganz sacht.
Jóhannes úr Kötlum, Norðurljós

Polarlicht beim Sommerhaus des Autors
am Stadtrand von Reykjavík

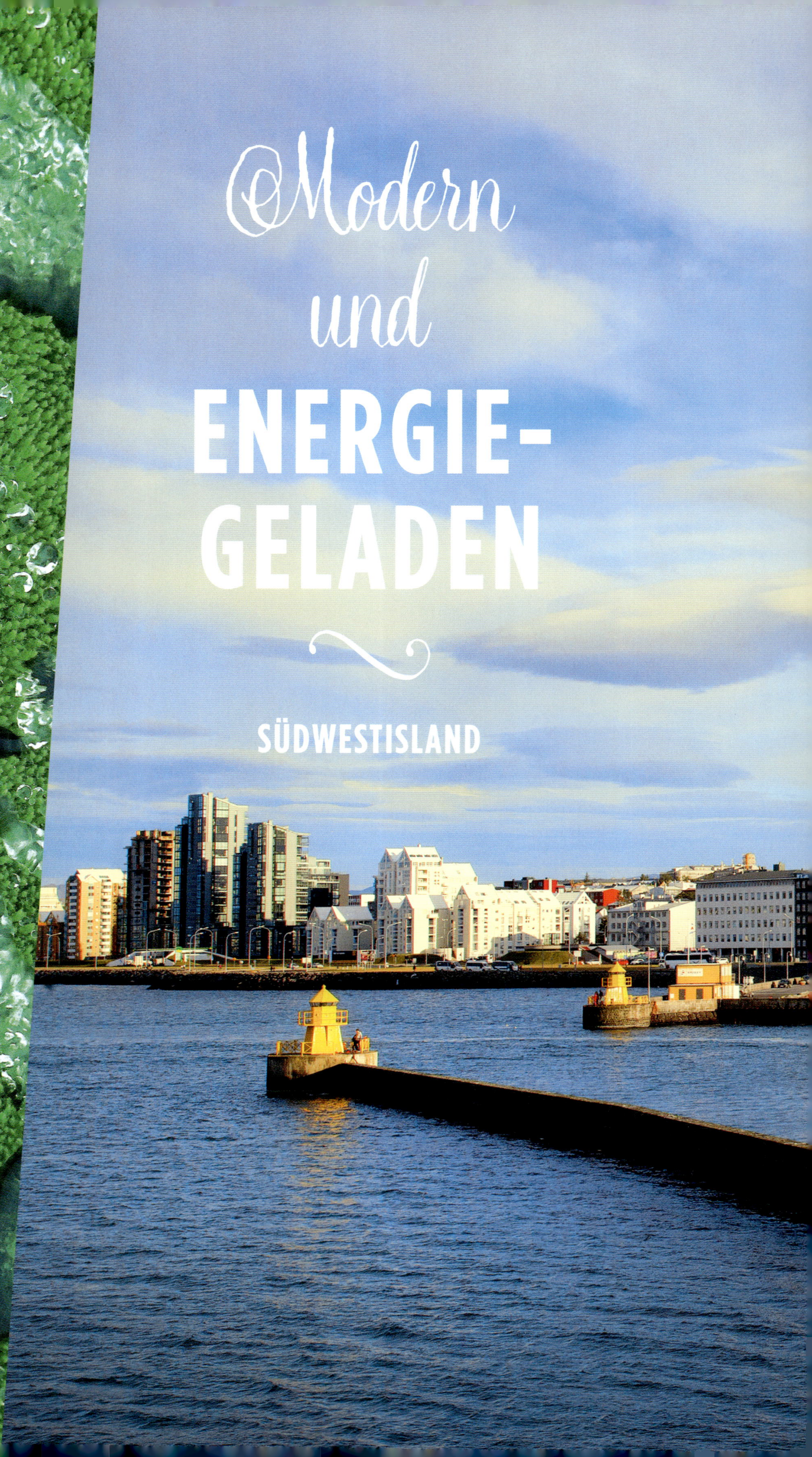

Modern und ENERGIE-GELADEN

SÜDWESTISLAND

HÓTEL
LEIFUR EIRIKSSON
HÓTEL
LEIFUR EIRIKSSON

Reykjavík

DIE NÖRDLICHSTE HAUPTSTADT EUROPAS

VON DEN GÖTTERN ERWÄHLT

Im Buch der Besiedlung Islands, Landnámabók, steht geschrieben, dass der erste Siedler Ingólfur Arnarson, bevor er bei Ingólfshöfði an Land ging, die Holzsäulen seines Hochsitzes über Bord warf, um die Götter entscheiden zu lassen, wo er sich niederlassen sollte. Drei Jahre suchte er nach den Säulen und fand sie schließlich in der Bucht von Reykjavík.

Als Reykjavík 1786 die Stadtrechte erhielt, hatte der Ort gerade einmal 167 Einwohner. 1796 wurde die Domkirche eingeweiht und der Bischofssitz von Skálholt nach Reykjavík verlegt. In der kleinen Kirche war damals Platz für alle Bürger der Stadt. Erst als 1845 das isländische Parlament in Reykjavík wieder eingerichtet wurde, stieg die Bewohnerzahl, um die Wende zum 20. Jahrhundert war sie schon auf über 6000 angewachsen. Als 1944 die Republik Island ausgerufen wurde, zählte die Stadt gut 44 000 Einwohner, und 1992 überschritt die Bewohnerzahl erstmals die 100 000. Am 1. Januar 2015 waren 121 822 Einwohner in Reykjavík registriert, knapp 40 Prozent aller Isländer.

Die nördlichste Hauptstadt Europas ist eine Stadt für Frühaufsteher wie für Nachtschwärmer. Die Thermalbäder öffnen schon um 6.30 Uhr morgens. Im Großraum von Reykjavík gibt es 16 Thermalbäder. Dorthin geht man nicht

Farbenfroh

Vom Kirchturm der Hallgrímskirkja blicken wir über die bunten Dächer von Reykjavík. Die Freibäder werden mit Thermalwasser gespeist. Bei Temperaturen von 38 bis 42 °C lässt es sich in den heißen Becken aushalten. Wie durch ein Fenster öffnet uns der Basaltbogen den Blick zu den farbigen kleinen Fischerbooten im Hafen von Hafnarfjörður.

unbedingt, um zu schwimmen. Viele lassen es dabei bewenden, in den heißen Becken zu sitzen und Neuigkeiten auszutauschen. In den meisten Thermalbädern gibt es zumindest zwei Becken mit unterschiedlichen Temperaturen. Das größte Thermalbad in Laugardalur hat sogar sechs Außenbecken mit Temperaturen von 38 bis 44 °C, davon eines mit aufgeheiztem Meerwasser. Baden ist ein Kult in Island. Im Sommer erfreut sich der Badestrand in Nauthólsvík großer Beliebtheit. Hier fließt überschüssiges heißes Wasser aus den Heißwassertanks in eine abgegrenzte Bucht und erwärmt das Meerwasser auf 18 bis 20 °C. Wem das noch nicht warm genug ist, der kann sich in einem 38 °C heißen Becken aufwärmen. Besonders hartgesottene Schwimmer lassen sich nicht von den kalten Wassertemperaturen von minus 1 °C im Winter bis 12 °C im Sommer von einem Bad im offenen Meer abhalten.

Tagsüber gibt es in Reykjavík viel zu erkunden. Das 1881 fertiggestellte Parlamentsgebäude ist eines der ältesten Steinhäuser des Landes. Gleich daneben steht die Domkirche aus dem Jahr 1796. Das moderne Rathaus von Reykjavík wurde zum Teil in den Stadtteich hineingebaut. Das älteste Haus der Stadt, Aðalstræti 10, stammt aus dem Jahre 1762. Bei Ausgrabungen stieß man auf Mauern aus dem 10. Jahrhundert. Die genauere Zeitbestimmung ergab das Jahr 871 plus/minus zwei Jahre. Die Museumsausstellung zur Besiedlung des Landes in der Aðalstræti 16 präsentiert die konservierten Mauerreste. Historische Bauten reihen sich entlang Lækjargata, der alten Bachstraße vom Stadtteich zum Hafen. Das Gymnasium von Reykjavík, ursprünglich die Lateinschule, wurde von 1843 bis 1846 errichtet. Hier trat das neu eingerichtete Parlament zusammen, bis es 1881 sein eigenes Gebäude beziehen konnte. Am Ende

Exotisch

In den mit Thermalwasser beheizten Gewächshäusern kann eine exotische Vegetation gedeihen. Im Sommer lädt das Café Flora im botanischen Garten zu einem Besuch ein. In Hafnarfjörður werden Wikingertraditionen gepflegt. Jährlich im Juni findet das Wikingerfest statt, mit Handwerksmarkt, Schaukämpfen, Spiel und Gesang. Für ein paar Tage sind wir in die Siedlungszeit zurückversetzt.

der Straße steht ein altes Steinhaus aus dem Jahr 1771, ursprünglich als Gefängnis gebaut. 1820 bekam es eine neue Funktion als Sitz des dänischen Stiftamtmanns, und heute residiert hier der Ministerpräsident.

Auf dem Hügel Arnarhóll thront ein Standbild des ersten Siedlers des Landes, Ingólfur Arnarson. Am Hafen ist schon von Weitem die neue, glasverkleidete Konzert- und Kongresshalle, Harpa, zu sehen. Die Glasfassade wurde vom isländischen Künstler Ólafur Elíasson gestaltet. Die wabenartigen Fenster wechseln je nach Wetter die Farbe, und im Winter werden mit LED-Lichtern regelrechte Lichterkonzerte gespielt. Ursprünglich von Banken geplant wurde der Bau nach der Finanzkrise 2008 zunächst eingestellt. Erst 2011 wurde die Halle mit einem Konzert des Isländischen Symphonieorchesters eröffnet. Die ehemaligen Fischerschuppen am alten Hafen beherbergen heute unter anderem Restaurants, Cafés und Galerien.

Die Haupteinkaufsstraße Laugavegur ist im Sommer für den Verkehr geschlossen. Restaurants und Cafés nutzen die Gelegenheit und stellen Tische auf, an denen man eine Pause beim Einkaufsbummel einlegen kann. Übersetzt heißt Laugavegur »Straße der warmen Quellen« – früher gingen die Waschfrauen mit ihrer Wäsche die Straße hoch nach Laugardalur, um sie dort in den heißen Quellen zu waschen. Heute ist Laugardalur das Freizeit- und Sportzentrum der Stadt. Hier befinden sich etwa das größte Thermalfreibad, ein Campingplatz, das Fußballstadion, die Sporthalle, das Eisstadion, der Haustier- und Freizeitpark sowie der Botanische Garten. Aber auch das alte Waschhaus steht noch, und Fotos und Texte erläutern seine Geschichte.

Reykjavík bezieht sein heißes Wasser aus Bohrlöchern in der Stadt sowie aus Thermalgebieten in der Umgebung. Das heiße Wasser wird in Tanks gesammelt und von dort ins Fernheizsystem eingespeist. Inzwischen sind alle Gebäude an das Fernheizsystem angeschlossen, Schornsteine gehören der Vergangenheit an. Eines der Wahrzeichen der Stadt ist Perlan (Perle), eine Glaskuppel mit Drehrestaurant auf den Heißwassertanks in Öskjuhlíð. Die Aussichtsplattform gewährt einen herrlichen Rundumblick.

»Sollen die Götter entscheiden, wo wir uns niederlassen.«

Ingólfur Arnarson, Landnámabók

»Architektur ist das kunstvolle, korrekte und großartige Spiel der unter dem Licht versammelten Baukörper.«

Le Corbusier, Vers une architecture, 1922

Auf der Landzunge westlich von Reykjavík liegt die Gemeinde Seltjarnarnes. Ein Leuchtturm steht auf der vorgelagerten Insel Grotta. Bei Ebbe kann man die Insel trockenen Fußes erreichen, während der Vogelbrutzeit vom 1. Mai bis zum 15. Juli ist der Zugang jedoch gesperrt. Ein guter Fuß- und Radweg führt vom alten Hafen in Reykjavík der Küste entlang und um die Halbinsel herum. Nesstofa, eines der ältesten Steinhäuser (1760–1767), beherbergt das Medizinhistorische Museum.

Das älteste Steinhaus des Landes steht auf der Insel Viðey gegenüber dem Containerhafen. Es wurde 1755 als Sitz des dänischen Statthalters Skúli Magnússon gebaut. Die kleine Holzkirche von 1774 ist nach der Domkirche von Hólar die zweitälteste Kirche des Landes. 2007 wurde zum Gedenken an John Lennon ein Lichtkunstwerk errichtet, der Imagine Peace Tower, das vom 9. Oktober, dem Geburtstag des Musikers und Friedensaktivisten, bis zum 8. Dezember, seinem Todestag, eine Lichtsäule in den Himmel projiziert. Ein weiteres Kunstwerk auf der Insel sind neun Basaltsäulenpaare des amerikanischen Bildhauers Richard Serra.

Bessastaðir auf der Halbinsel Álftanes ist Sitz des isländischen Präsidenten. Das Gut wurde 1761 bis 1766 als Sitz des dänischen Amtmanns gebaut. Die kleine Steinkirche wurde im Jahr 1796 geweiht.

Modern

Mit einem Bogenanbau wurde das Nationalmuseum im Jahre 2004 erweitert. Werke des Bildhauers Ásmundur Sveinsson zieren zahlreiche öffentliche Gebäude und Plätze. Sein ehemaliges Atelier in Laugardalur fungiert heute als Museum. Der isländische Künstler Ólafur Elíasson hat die Fensterverschalung für die neue Konzert- und Kongresshalle Harpa entworfen. Die Skulptur Sólfar des isländischen Künstlers Jón Gunnar Árnason stellt ein Wikingerschiff dar, dessen Bug dem Sonnenuntergang zugewandt ist.

Wege zum GLÜCK

ÞRÍHNJÚKAGÍGUR – EINE REISE INS INNERE DER ERDE

Der Krater Þríhnjúkagígur, 15 Kilometer außerhalb von Reykjavík im Erholungsgebiet Bláfjöll, wurde 1974 vom isländischen Höhlenforscher Árni Stefánsson zum ersten Mal bestiegen. Nur mit einer kleinen Stirnlampe ausgerüstet konnte sich Árni noch keine Vorstellung von der Dimension der Kraterhöhle machen. Erst 1991 wurde sie genauer erforscht und vermessen. Bei der Höhle handelt es sich um den Schlot eines Vulkans, der vor rund 4000 Jahren ausgebrochen ist. Gewöhnlich füllt sich der Schlot zum Ende der Eruption mit Lava, die langsam abkühlt und unter hohem Druck zu einem besonders harten Schlotgang erstarrt. Doch in diesem Fall wurde der letzte Schwung Lava regelrecht vom Vulkan verschluckt, und der Förderkanal konnte sich entleeren. Der Schlot ist flaschenförmig und hat oben eine Öffnung von vier Metern Durchmesser. Der Boden des Kraterschlotes liegt in 120 Meter Tiefe und hat fast die Fläche eines Fußballfeldes. Eine Gondel bringt Besucher hinunter. Der Atem stockt, wenn die Gondel aus dem Flaschenhals herauskommt und das Kratergewölbe erreicht, dessen Wände in allen Farben leuchten. Unwillkürlich muss ich an Jules Vernes Roman »Die Reise zum Mittelpunkt der Erde« denken, als ich da auf dem Kraterboden hocke.

Lebhaft

Der Leuchtturm auf der Insel Grotta ist nur bei Ebbe zu Fuß zu erreichen. Doch auch vom Festland erlebt man unvergessliche Sonnenuntergänge über der Bucht Faxaflói. Die Skulptur Tanzball besteht aus den vier Musikern einer Tanzkapelle. Das Werk der isländischen Künstlerin Þorbjörg Pálsdóttir steht bei der Glaskuppel Perlan. Die handgeschnitzte Kirchentür von Valþjófsstaður aus dem 13. Jahrhundert gehört zu den Ausstellungsobjekten im Nationalmuseum. Wandmalereien zieren alte Industriegebäude in der Weststadt.

Halbinsel Reykjanes

ENTLANG DER KONTINENTAL-SPALTE

EIN LAND IM ENTSTEHEN

Die Halbinsel Reykjanes oder Reykjanesskagi an der Südwestspitze Islands hat die Form eines Stiefels. Vor der Halbinsel liegen die Insel Eldey sowie Schären, die in submarinen Eruptionen entstanden sind. Sie gehören zum Reykjanesrücken, dem nordöstlichen Ausläufer des Mittelatlantischen Rückens. Seit der Besiedlung des Landes sind zumindest 14 submarine Vulkanausbrüche nachgewiesen. In größeren Eruptionen wie in den Jahren 1211, 1583 und 1783 entstanden neue Inseln und Schären, von denen die meisten jedoch schon bald wieder der Meeresbrandung zum Opfer fielen. Die Insel Eldey (»Feuerinsel«) wurde durch den Ausbruch 1211 geboren.

Auf der Fahrt vom Internationalen Flughafen in Keflavík nach Reykjavík durchquert man eine karge Lavalandschaft. Ältere Lava ist von Moosen bedeckt, und nur hier und da hat ein Strauch Wurzeln fassen können. Tuffrücken trennen die Nord- von der Südküste der Halbinsel. Die Lava ist größtenteils aus Spaltenvulkanen geflossen, an denen sich kleine Krater reihen. Der Tuffkegel Keilir, während der Eiszeit in einer subglazialen Eruption entstanden, hebt sich mit seiner markanten Kegelform deutlich von der

Ewig

Zu Stein erstarrte Lavafiguren gibt es auf der Halbinsel Reykjanes. Der Regenbogen, eine Skulptur der isländischen Künstlerin Rúrí, steht vor dem Flughafengebäude in Keflavík. Er schwindet so schnell, wie er erscheint und ist doch unfassbar. In der Stahlkonstruktion ist der Regenbogen für ewig eingefangen. Die Steilwand bei Krýsuvík setzt sich aus verschiedenen Eruptionsschichten zusammen. Ständig nagt die Meeresbrandung an der steilen Küste.

Umgebung ab. Auch Erdbeben sind häufig in dieser Region. Nach einem größeren Beben im Jahr 2000 hatte sich die Wasseroberfläche des Sees Kleifarvatn zeitweise gesenkt und am flachen Südufer ein Thermalgebiet freigelegt. Bei Seltún führt ein Rundweg durch ein farbenprächtiges Geothermalfeld mit Solfataren und brodelnden Schlammquellen.

Wer Zeit hat, sollte auf den Bergrücken hochsteigen. Schon von Weitem sieht man Fumarolen am Hang. Von hier folgt man dem Bergrücken zunächst nach Süden und dann nach Westen, um in das kleine Tal Hverahvammur zu gelangen, eine Höllenküche aus Fumarolen und Solfataren. Aber Vorsicht, es gibt keine markierten Fußsteige, und ein falscher Tritt kann mit bösen Verbrennungen enden. Kurz hinter dem verlassenen Bauernhof Krýsuvík liegt in einem Explosionskrater der kleine See Grænavatn (»Grüner See«) mit seinem smaragdfarbenen Wasser.

Wir folgen der neuen Südküstenstraße in Richtung Grindavík. Schon bald weist ein Schild auf die Abzweigung zur Steilküste Krýsuvíkurbjarg. Vom Parkplatz wandern wir entlang der Steilküste zum Leuchtturm. In den steilen Felsen brüten Dreizehenmöwen, Eissturmvögel, Trottellummen, Dickschnabellummen und Tordalke. Für Hin- und Rückweg muss man ein bis zwei Stunden veranschlagen. Wieder zurück auf der Südküstenstraße fahren wir nur ein kurzes Stück bis zur nächsten Abzweigung nach Selatangar. Von hier ruderte man bis Ende des 19. Jahrhunderts in offenen Booten zum Fischfang. Vielerorts sind in der Lava am Strand Ruinen von Fischerhütten zu sehen.

Am Hafen von Grindavík herrscht emsiges Treiben, wenn die Fischerboote ihren Fang verlanden. Hier gilt das geflügelte Wort: »Das Leben ist Salzfisch.« Traditionsgemäß wird Kabeljau gesalzen und getrocknet, um dann als Bacalao in den Süden Europas exportiert zu werden.

Land! Was für ein Land,
das sich lüftet aus dem Meer!
Noch in der Schmiede
von Feuer, Frost und Wasser.

Hannes Pétursson, Heimkoma

Am Fuße des Tuffrückens Þorbjarnarfell steigt Dampf aus Bohrlöchern für das Geothermalkraftwerk Svartsengi auf. Das überschüssige heiße Wasser wird in die Lava abgeleitet und bildet einen milchigblauen See, die Blaue Lagune. Der warme, salzhaltige Badesee ist eine der bekanntesten Attraktionen in Island. Das Wasser enthält neben Meersalz auch Kieselerde und Algen, die für ihre heilende Wirkung bekannt sind. So beliebt ist das Bad, dass man sich im Sommer vorher anmelden muss. Mit all den schönen Thermalbädern im Lande fragt man sich, ob die Blaue Lagune die Mühe und das Geld wirklich wert ist.

Der Leuchtturm Reykjanesviti an der Südwestspitze der Halbinsel wurde 1908 in Betrieb genommen. Auf dem Hügel Valahnúkur an der Steilküste sind noch die Ruinen des alten Leuchtturms zu sehen, der 1878 in Betrieb genommen und mit Kohlen betrieben wurde. Deutlich sind die von Guano weiß gefärbten Steilfelsen der Insel Eldey vor der Küste auszumachen. Das Inselplateau beherbergt den größten Brutplatz der Basstölpel im Nordatlantik, und auf der flachen Schäre Geirfuglasker befand sich in früheren Jahrhunderten der Hauptbrutplatz des heute ausgestorbenen Riesenalken. Die Schäre wurde jedoch während der Eruptionsphase 1830 zerstört. 1844 wurden auf der Insel Eldey die letzten beiden Riesenalken getötet. Nicht weit vom Leuchtturm befindet sich ein Geothermalgebiet mit Fumarolen, Solfataren und brodelnden Schlammquellen. 2010 wurde das Geothermalkraftwerk Reykjanesvirkjun in Betrieb genommen.

Die Halbinsel Reykjanesskagi liegt auf der Riftzone zwischen der nordamerikanischen und der eurasischen Kontinentalplatte. Eine Fußgängerbrücke über den Álfagjá-Graben nördlich der Bucht Stóra-Sandvík verbindet symbolisch die beiden Kontinente.

Magisch

Von Wind und Frost geformtes Tuffgestein gibt es am Ufer des Sees Kleifarvatn. Dampf aus Thermalquellen und Bohrlöchern an der Spitze der Halbinsel Reykjanestá verleihen dem Leuchtturm ein magisches Bild.

Solfatarenfeld Gunnuhver auf der Halbinsel Reykjanes

»Die Erde zitterte und bebte aus Furcht; Himmel und Wolken weinten, sodass ein Großteil der Erdfrüchte verdarb; Sonne und Mond verblassten, und das Meer vor der Küste brannte.«

Hungrvaka, Saga des Bischofs Páll Jónsson, 1211

Sagen und NATUR erleben

WESTISLAND

Von Þingvellir zum Borgarfjörður

SAGEN UND GESCHICHTE

Eisig

Der See Þingvallavatn vereist nur selten im Winter. Der See wird größtenteils von Grundwasser gespeist, das unter der Lava abfließt und winters wie sommers dieselbe Temperatur von ca. 2 °C aufweist. Nach längeren und windstillen Kälteperioden kann die Seeoberfläche zu einem Spiegel gefrieren. Die Höhle Viðgelmir im Hallmundarhraun ist mit ca. 1,5 km eine der längsten Lavahöhlen des Landes. Der Wasserfall Öxarárfoss bei Þingvellir versteckt sich unter einem Eismantel.

IM LAND DER SAGAS

»So wird es wahrlich sein, wenn wir die Gesetze trennen, dann werden wir den Frieden brechen.« Mit diesen Worten erklärte der Gesetzessprecher Þorgeir Þorkelsson im Jahr 1000 auf dem Parlament in Þingvellir seine Entscheidung, dass Island das Christentum annehmen solle. Das Parlament war damals in eine heidnische und eine christliche Fraktion gespalten. Þorgeir war zwar selber Heide, aber als Gesetzessprecher beauftragt worden, einen Kompromiss zu finden. Der Sage nach soll er sich auf dem Gesetzesberg unter sein Fell gelegt und am nächsten Morgen verkündet haben, dass Island christlich werden solle, mit drei Ausnahmen: Man sollte weiterhin Pferdefleisch essen dürfen, die neugeborenen Kinder durften im Hochland ausgesetzt werden, und man durfte weiter den heidnischen Göttern opfern, allerdings nicht in der Öffentlichkeit.

Fast 900 Jahre lang trat das isländische Parlament seit seiner Gründung 930 n. Chr. in Þingvellir zusammen. Ende des 18. Jahrhunderts wurde das Parlament aufgelöst und 1845 in Reykjavík wieder neu eingerichtet. Alle größeren Ereignisse der isländischen Geschichte haben sich in Þingvellir abgespielt. Bei einer Wanderung über den historischen Parlamentsplatz erwachen vergangene Zeiten wieder zum Leben.

Der Nationalpark Þingvellir liegt auf der Riftzone zwischen der nordamerikanischen und der eurasischen Kontinentalplatte, die im Durchschnitt einen bis zwei Zentimeter pro Jahr auseinanderdriften. Deutlich sind die Auswirkungen der Kontinentaldrift zu erkennen: die imposante Schlucht Almannagjá sowie zahlreiche Felsspalten und Risse in der Lava. Auch der See Þingvallavatn ist ein Ergebnis der Kontinentaldrift: Er bildete sich gegen Ende der letzten Eiszeit, als sich der Bruchgraben mit Wasser füllte. Wer dem Ansturm der Touristen am historischen Parlamentsplatz aus dem Weg gehen möchte, findet in der Lava ruhige Orte, die über ein Netz markierter Wanderwege gut zu erreichen sind. Im Herbst verwandelt sich die mit Birken und Beerenbüschen bewachsene Lava in ein Farbenmeer.

Von Reykjavík führt die Straße nach Þingvellir durch die Gemeinde Mosfellsbær. Bei der Kirche Mosfell liegt der Schriftsteller Halldór Laxness (1902–1998) begraben, dem 1955 der Nobelpreis für Literatur verliehen wurde. Sein Wohnhaus Gljúfrasteinn beherbergt heute das Laxness-Museum.

Seit die Ringstraße durch einen Tunnel den Weg um den Fjord Hvalfjörður abkürzt, ist der Fjord zu einem Freizeit-

Malerisch

Zahlreiche Lavaspalten bei Þingvellir sind mit Grundwasser gefüllt, das langsam unterirdisch zum See Þingvallavatn abfließt und auch im Winter nicht gefriert. Im Herbst werden die Birkenbüsche gelb und Blaubeersträucher sowie Polarbirken nehmen eine rote Farbe an. Der Maler Jóhannes S. Kjarval hat in vielen seiner Werke Motive aus dieser Landschaft gewählt. Vom Schluchtrand der Almannagjá blicken wir über die ausgedehnte Lava im Nationalpark Þingvellir.

gebiet für die nahe Hauptstadt geworden. Nur das Aluminium-Schmelzwerk und die Eisen-Silizium-Fabrik auf der Nordseite des Fjordes stören das Bild. Am Ende des Fjordes liegt das Tal Botnsdalur, abgeschlossen vom Tafelberg Hvalfell. Glymur, der zweithöchste Wasserfall Islands, stürzt hier in eine fast 200 Meter tiefe Schlucht. Auf der Nordseite des Fjordes steht die Walfangstation, in der seit 1948 Wale gelandet und verarbeitet werden. 1986 wurde der Walfang zeitweise verboten, in den letzten Jahren ist eine begrenzte Zahl der Meeressäugetiere zum Fang freigegeben.

Borgarnes liegt malerisch auf Felshügeln auf der Nordseite des Fjordes Borgarfjörður. Dies ist der Schauplatz einer der bekanntesten isländischen Sagas, der Saga von Egill Skalla-Grímsson (10. Jh.). Zahlreiche Ortsnamen in Borgarnes und im Tal des Borgarfjörður erinnern an die Saga und die Siedlungsgeschichte der Region. Heißes Wasser aus Thermalquellen wird zum Beheizen von Gewächshäusern genutzt, in denen Gemüse und Blumen gezogen werden. Deildartunguhver ist mit einem Ausstoß von 180 Litern pro Sekunde die größte Heißwasserquelle Europas. In Reykholt lebte der Historiker, Dichter und Politiker Snorri Sturluson (1179–1241). Er verfasste die Snorra-Edda, auch Prosa-Edda genannt, sowie eine Geschichte der norwegischen Könige, Heimskringla, und war Mitglied der Sturlungar, einer der mächtigsten Familien des Landes. Snorri wurde zweimal zum Gesetzessprecher, dem Leiter des isländischen Parlaments, gewählt. Er war ein Verfechter der Unabhängigkeit Islands und wurde 1241 von Gefolgsleuten des norwegischen Königs Hákon in Reykholt getötet. 1262 wurde Island dann Teil der norwegischen Krone.

Der Gletscherfluss Hvítá (»Weißer Fluss«) wird von Schmelzwasser aus den Gletschern Eiríksjökull und Langjökull gespeist. Bei Hraunfossar entspringt klares Quellwasser aus der Lava des Hallmundarhraun und stürzt in zahlreichen Wasserfällen hinunter in den Gletscherfluss. Im Lavafeld gibt es zahlreiche Lavahöhlen, die bekanntesten sind Surtshellir und Víðgelmir. Von Fljótstunga werden geführte Touren in die Höhle Víðgelmir organisiert.

»Worüber zürnten die Götter, als die Lava brannte, auf der wir nun stehen?«

Kristni saga: Snorri goði Þorgrímsson, 1000 n. Chr.

Idyllisch

Klares Quellwasser stürzt in zahlreichen kleinen Wasserfällen aus der Lava des Hallmundarhraun hinunter in den Gletscherfluss Hvítá. Wenn das trübe Gletscherwasser sich mit dem Quellwasser vermischt, bekommt der Fluss eine türkisblaue Färbung. Mitten im Flussbett der Reykholtsá hat die Heißwasser- und Dampfquelle Árhver ein Sinterbecken geschaffen, aus dem 100 °C heißes Wasser in den kalten Fluss fließt. Ausstellungsobjekte befinden sich im Heimatmuseum Garðar in Akranes. Das Café und Restaurant Eddu Veröld in Borgarnes ist am Ufer des Fjordes gelegen.

Wege zum GLÜCK

GLYMUR-WASSERFALL – SPEKTAKULÄRE SCHLUCHTENWANDERUNG

Glymur ist mit 198 Metern der zweithöchste Wasserfall des Landes. Der Fluss Botnsá entspringt im See Hvalvatn und hat eine tiefe, enge Schlucht in das weiche Tuffgestein am Fuß des Tafelberges Hvalfell gegraben. Wir beginnen unsere Wanderung am Parkplatz in Botnsdalur. Der markierte Pfad führt durch den Wald oberhalb des verlassenen Hofes Stóri Botn. Wir erreichen den Fluss und gehen durch die Höhle Þvottahellir (»Wäschehöhle«) hinunter zum Ausgang der Schlucht. Über einen Holzmast gelangen wir zum anderen Ufer. Hier steigen wir den Hang hoch und folgen dem Ostrand der Schlucht. Nur von der Ostseite ist der Wasserfall wirklich zu sehen. Seile helfen beim Überwinden der steilsten Hänge. Der Blick vom Schluchtrand hinunter in die enge Schlucht ist atemberaubend. Eissturmvögel nisten in den Felsterrassen, und Schafe klettern auf schmalen Steigen in die steilen Felsen, angelockt von saftigen Kräutern. Je höher wir kommen, desto besser wird die Sicht auf den Wasserfall. Wir können denselben Weg zurückgehen, oder wir durchwaten den Fluss oberhalb vom Wasserfall und gehen am Westrand der Schlucht zurück zum Parkplatz. Für den Rundweg muss man gut zwei Stunden veranschlagen.

Snæfellsnes

AM FUSSE DES IMPOSANTEN GLETSCHERS

Schmuckhaft

An sonnigen Tagen sitzt man gerne vor dem torfgedeckten Restaurant Arnarbær in Arnarstapi. Bizarre Basaltformationen schmücken die Steilküste zwischen Arnarstapi und Hellnar. Thermalquellen dampfen am Ufer des Fjordes Kolgrafarfjörður auf der Nordseite von Snæfellsnes.

EINE HALBINSEL MIT CHARME

Der alte Reitweg führte von Hítarnes über die goldgelbe Sandnehrung Löngufjörur nach Stakkhamar auf der Halbinsel Snæfellsnes. Unberührte, weiße Sandstrände dehnen sich an deren Südküste bis Búðir aus. Die seichten Lagunen sind von den Gezeiten abhängig und sollten nur unter ortskundiger Führung erkundet werden.

Am Fuße des roten Aschenkraters Ytri Rauðamelskúla befindet sich der Pfarrhof Rauðamelur. Kurz davor säumen hohe Basaltsäulen den Steilhang Gerðuberg. Gerühmt für ihre heilenden Eigenschaften, aber nicht leicht zu finden, ist hier die kohlensäurehaltige Mineralquelle Rauðamelsölkelda. Überhaupt gibt es zahlreiche Mineralquellen auf der Halbinsel. Eine ungewöhnlich heiße Mineralquelle speist das Thermalbad bei Lýsuhóll.

Bei Ytri-Tunga sonnen sich gerne Seehunde am Strand. Bei Hraunhöfn an der Mündung des Flusses Hraunhafnará unterhielt die Bremer Hanse im 16. Jahrhundert eine Handelsstation. Noch Anfang des 20. Jahrhunderts ruderte man von hier zum Haifischfang. Auf dem Lavafeld Búðahraun

liegen verstreut die Ruinen der alten Fischerhütten. Markierte Wanderwege führen hier zum Krater Búðaklettur und zur Lavahöhle Búðahellir.

Die kleinen Fischerdörfer Arnarstapi und Hellnar liegen malerisch an der Steilküste am Südwestzipfel der Halbinsel. Noch Anfang des 18. Jahrhunderts zählte Arnarstapi knapp 150 Einwohner, heute leben ein paar wenige Familien das ganze Jahr über im Dorf. In den steilen, mit Säulenbasalt gesäumten Felsen brüten Dreizehenmöwen und Eissturmvögel. Ein markierter Pfad führt von Arnarstapi die Steilküste entlang nach Hellnar. Die Meeresbrandung hat hier pittoreske Steinbögen und Felshöhlen ausgewaschen. Im Sommer überrollen zuweilen Busladungen von Touristen die kleinen Fischerdörfer.

Der Nationalpark Snæfellsjökull wurde 2001 gegründet und ist damit der jüngste Nationalpark des Landes. Der Park umschließt den Vulkan Snæfellsjökull sowie den größten Teil der Westküste der Halbinsel. Informationszentren befinden sich in Hellnar und in Hellissandur. Kurz vor dem Leuchtturm Malarrif erheben sich zwei Felsnadeln, Lóndrangar, vor der Küste. In der unmittelbaren Nähe bei Svalþúfa brüten Trottellummen, Dickschnabellummen und Tordalke in den steilen Felsen. Ins Innere der Erde kann man bei der Lavahöhle Vatnshellir steigen. Eine Wendeltreppe führt 35 Meter hinunter in die 200 Meter lange Höhle, die man nur im Rahmen von Führungen betreten darf.

Am Strand von Djúpalónssandur hat die Brandung Steine in allen Größen rund geschliffen. Am Rand des Lavafeldes liegen vier unterschiedlich große Steinblöcke, an denen die Fischer ihre Kraft probten. Sie heißen Vollstarker (154 kg), Halbstarker (100 kg), Tauglicher (54 kg) und Schwächling (23 kg). Nur wer mindestens den Tauglichen heben konnte, durfte mit zum Fischfang rudern. Entlang der steilen Lavaküste gelangt man in die Bucht Dritvík. Von der Westküste war es mit den Ruderbooten nicht weit zu

»Der Berg erinnert an eine umgekehrte Porzellanschale, die emaillierte Oberfläche manchmal ein wenig bläulich oder ein anderes Mal wie goldumrandetes chinesisches Porzellan.«

Halldór Laxness, Am Gletscher

den ergiebigen Fischgründen. Auch hier sieht man vielerorts Ruinen von provisorischen Fischerhütten. Zahlreiche markierte Wanderwege laden im Nationalpark zu Wanderungen entlang der Küste oder durch die Lava ein. An der Steilküste bei Svörtuloft brüten Dreizehenmöwen, Eissturmvögel, Trottellummen, Dickschnabellummen, Tordalke und vereinzelte Papageitaucher.

Über der gesamten Region thront der 1446 Meter hohe Gipfel des Snæfellsjökull. Jules Verne ließ den Helden seines Romans Die Reise zum Mittelpunkt der Erde seine abenteuerliche Reise am Gipfelkrater beginnen. Man kann den Gletscher relativ leicht vom Bergpass auf der Ostseite besteigen, doch sollte man den Gletscher nicht unterschätzen: Eine Wanderung in den Spuren der Schneemobile ist nicht ungefährlich. Vor dem Aufstieg sollte man sich auf jeden Fall über den Zustand des Gletschers informieren.

Die Nordküste von Snæfellsnes ist von Buchten und Fjorden zerklüftet. Gute Häfen für größere Fischerboote gibt es in Hellissandur, Rif, Ólafsvík, Grundarfjörður und Stykkishólmur. Bei Bjarnarhöfn wird Haifisch nach alter Tradition verarbeitet. Im Haifischmuseum kann man die kulinarische Rarität kosten. Die alten Holzhäuser verleihen Stykkishólmur einen dänischen Charme. Von Stykkishólmur verkehrt eine Autofähre zur Insel Flatey und nach Brjánslækur in den Westfjorden. Im Sommer werden Aussichtsfahrten in die Inselwelt des Breiðafjörður mit ihren unzähligen Inseln und Schären angeboten. Kurz vor der Ortschaft liegt der Hügel Helgafell (»Heiliger Berg«), an dessen Fuß die Heldin der Laxdæla-Saga, Guðrún Ósvífursdóttir, begraben liegt. Wer vom Grab aus den Berg besteigt, ohne sich umzudrehen und ohne ein Wort zu sprechen, hat dem Volksglauben nach drei Wünsche frei.

Majestätisch

Majestätisch thront der Gletscher und Vulkan Snæfellsjökull am Ende der Halbinsel. Seehunde sonnen sich auf einer Schäre am Fuße des Gletschers. Die Brandung hat bizarre Felsformationen an der Küste zwischen Arnarstapi und Hellnar geschaffen.

Die Westfjorde

STEILE VOGELKLIPPEN UND EINSAME FJORDE

NATUR PUR

Wie eine gespreizte Hand strecken sich die Westfjorde nach Nordwesten, nur durch einen schmalen Korridor mit dem isländischen Festland verbunden. In den größeren Fjorden gibt es kleine Fischerdörfer, doch viele kleinere sind verwaist. Noch sind die Westfjorde vom Tourismus kaum entdeckt. Zwar hält schon mal ein Kreuzfahrtschiff im Hafen von Ísafjörður, doch schon nach wenigen Stunden ist wieder Ruhe eingekehrt. Wer die Einsamkeit sucht, kommt in den Westfjorden auf seine Kosten.

Die Südküste Barðaströnd ist von kleinen Fjorden zerklüftet, und vor der Küste liegen zahllose Inseln und Schären. Dies ist die Heimat des Seeadlers. Im Adlermuseum in Króksfjarðarnes kann man sich über den majestätischen Vogel und sein Habitat informieren. In Reykhólar wird Seetang unter anderem zu Viehfutter und zu medizinischen Zwecken verarbeitet. Im Sommer fahren Ausflugsboote zu den Inseln Skáleyjar, Flatey und Hvallátur, wo nach alter Tradition die Brutplätze der Eiderenten gehegt und die Daunen aus den Nestern gesammelt werden.

Zauberhaft

Unberührte rotgoldene Sandstrände gibt es bei Rauðasandur auf der Südseite der Westfjorde. Man sagte den Bewohnern der Westfjorde magische Kräfte nach. Im Mittelalter hatte es Hexenverfolgungen gegeben. In Hólmavík befindet sich ein Museum zum Thema Magie und Hexenverfolgung. Der Leiter des Museums trägt eine magische Rune auf dem T-Shirt. Die Häuserfassade steht in Ísafjörður, der größten Stadt der Westfjorde.

Dem Buch der Besiedlung zufolge soll der Norweger Flóki Vilgerðarson schon im Jahr 865 einen Winter im Vatnsfjörður verbracht haben. Von den Bergen sah er einen mit Packeis gefüllten Fjord und gab dem Land seinen Namen: »Eisland«. Flóki kehrte nach Norwegen zurück und berichtete von seiner Entdeckung, die schließlich zur Besiedlung des Landes führte.

Vom Südufer des Patreksfjörður zweigt eine Bergstraße nach Rauðasandur ab. Von oben blicken wir über eine breite Lagune und eine Nehrung aus rotgoldenem Muschelsand. Ein markierter, aber anspruchsvoller Wanderpfad führt nach Keflavík und an der Steilküste von Látrabjarg entlang zum Leuchtturm bei Bjargtangar, dem westlichsten Zipfel des Landes. In den steilen Felsen nisten Myriaden von Seevögeln. Papageitaucher haben ihre Nisthöhlen in die Grasnarbe am Klippenrand gegraben. Den Vogel in seinem würdevollen Prachtkleid nennen die Isländer auch »Probst«.

Über die Fischerdörfer Patreksfjörður, Tálknafjörður und Bíldudalur stoßen wir beim Bergpass Dynjandisheiði wieder auf die Hauptroute. Der Wasserfall Dynjandi stürzt in mehreren Kaskaden hinunter in die Bucht Dynjandisvogur. Die oberste Kaskade, Fjallfoss, ist 100 Meter hoch und breit gefächert. Der höchste Gipfel der Westfjorde, Kaldbakur, ist ganze 998 Meter hoch. Einheimische Spaßvögel haben dort einen zwei Meter hohen Steinmann aufgeschichtet. Am besten kann man den Gipfel von der Jeeppiste zwischen Kirkjubólsdalur im Dýrafjörður und Fossdalur im Arnarfjörður besteigen.

Natürlich

Seehunde sonnen sich bei Hvítanes am Skötufjörður im Ísafjarðardjúp. In den steilen Klippen von Látrabjarg nisten Myriaden von Seevögeln. Die Steilfelsen sind teilweise über 400 Meter hoch. Dreizehenmöwen kleben ihre Nester an die steile Wand. Trottellummen und Dickschnabellummen haben ihrer Nester auf schmalen Absätzen, während Eissturmvögel breitere Terrassen brauchen. Papageitaucher graben ihre Nisthöhlen in die Grasnarbe am Klippenrand. Daher: Vorsicht am Klippenrand!

Ísafjörður ist die größte Ortschaft in den Westfjorden und Zentrum der Region. Die alten Holzhäuser in Neðstakaupstaður stammen aus dem 18. Jahrhundert und beherbergen heute das Heimatmuseum. Gute Skipisten und Loipen befinden sich im Tungudalur. Hier wird am ersten Wochenende im Mai der Fossavatn Ski Marathon ausgetragen, ein 50 Kilometer langer Skimarathon, der seit 2014 zum Worldloppet gehört. Beim Musikfestival »Aldrei fór ég suður« zu Ostern treten alle Bands kostenlos auf. Das Festival wurde von dem isländischen Musiker Mugison ins Leben gerufen.

Von Ísafjörður und Bolungarvík verkehren im Sommer regelmäßig Fähren nach Hesteyri, Aðalvík und Hornvík in Hornstrandir, dem nördlichsten Arm der Westfjorde. Das Naturschutzgebiet ist ein Paradies für Wanderer. Die letzten Bauernhöfe wurden Mitte des 20. Jahrhunderts verlassen. Es gibt keine Straßen. Transportmittel waren damals wie heute Boote, Pferde oder Schusters Rappen. In den Steilklippen Hornbjarg und Hælavíkurbjarg, den höchsten des Landes, brüten Tausende von Seevögeln.

Auf der Insel Vigur im Ísafjarðardjúp leben Mensch, Vieh und Vögel in Harmonie. Eiderenten nisten auf den Torfdächern der Schafställe, Gryllteisten brüten in der Hafenmauer, und Papageitaucher haben ihre Nisthöhlen in die Grasnarbe gegraben. Die Insel Æðey ist nur im Sommer bewirtschaftet. Als die Ortschaft Súðavík im Álftafjörður 1995 von einer Schneelawine überrollt wurde, kamen 14 Personen ums Leben. Hier gibt es ein Polarfuchszentrum mit Informationen zum einzigen wilden Landsäugetier, das schon vor der Besiedlung in Island zu Hause war.

Über den Bergpass Steingrímsfjarðarheiði gelangen wir an die Nordküste und zur Ortschaft Hólmavík. Sehenswert ist dort das Museum zur Magie und Hexenverfolgung. Djúpavík hingegen ist ein Geisterdorf und ehemalige Heringsfangstation am Ende des Fjordes Reykjarfjörður. Im Thermalbad Krossneslaug an der Küste nördlich von Norðurfjörður kann man ein warmes Bad mit Blick auf das Europäische Nordmeer genießen.

»Es ist schlaflos hell, Himmel – Abendsonne grell, finden einen Bach, ein Plätzchen frei, sammeln Kräuter, kochen Brei.«

Mugison (Örn Elías Guðmundsson), Stingum af

Meerumschlungen

Der Blick vom Bergpass über die rotgoldene Sandnehrung Rauðasandur ist ebenso schön wie ein warmes Bad am Fjordufer bei Drangsnes mit freiem Blick zum Meer. Die Fischerhütte Ósvör bei Bolungarvík wurde restauriert und fungiert als Fischereimuseum. Oberhalb von Ósvör steht der Leuchtturm am Steilhang.

Wege zum GLÜCK

SUÐUREYRI – EIN LEBEN IN HARMONIE MIT DER NATUR

Suðureyri liegt eingerahmt von hohen Bergen am Ausgang des Fjordes Súgandafjörður. Das Fischerdorf hat sich gänzlich auf einen nachhaltigen Umgang mit seinen Ressourcen umgestellt. Nur kleine Fischerboote fahren zum Fang hinaus auf den Atlantik, zu einem der besten Kabeljaugründe vor der isländischen Küste. Man fängt mit Hand- oder Langleine, so wird der Anteil an Beifang und Kleinfischen minimal gehalten. Wer seefest ist, kann einen der Fischer begleiten und beim Fang helfen. Sportangler mögen eine Hochseeangelfahrt dem Fischen mit Handleinen vorziehen. Neben Dorschen werden Seelachs, Seewolf und Heilbutt gefangen. In der Fischfabrik wird der gesamte Fang verwertet. Fischköpfe werden getrocknet, Reste werden klein gehackt und zu Tierfutter verarbeitet. Im Dorf kann man den Fang unter Anleitung eines Chefkochs zu einem delikaten Menü verarbeiten. Frischer kann ein Fischgericht nicht auf den Tisch kommen. Doch auch alle, die nicht selbst fischen und kochen möchten, können die gute Küche genießen. Im Thermalfreibad, das aus heißen Quellen bei Laugar gespeist wird, kann man sich nach einem ereignisreichen Tag entspannen.

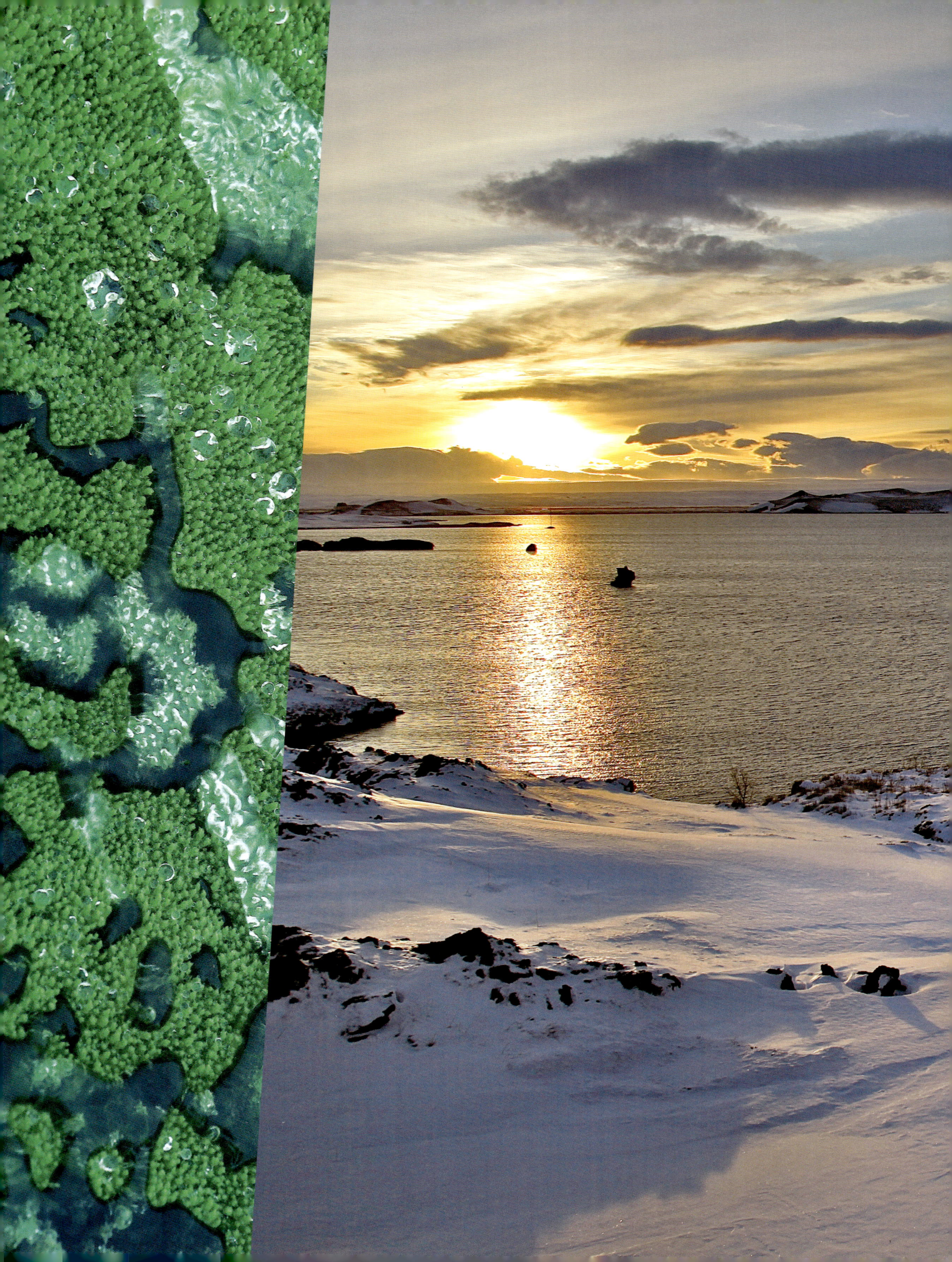

An der Grenze zum POLARKREIS

NORDISLAND

Húnaflói und Skagafjörður

EISBÄREN, SEEHUNDE UND SAGENHELDEN

Regelmäßig

Basaltsäulen sind regelmäßig geformt, meist sechseckig, und entstehen bei langsamer Abkühlung der Lava. Bei Abkühlung von oben bilden sich senkrechte Basaltsäulen wie hier in Kálfshamarsvík. Das Thermalbecken in Reykir am Skagafjörður ist von Basaltsteinen eingefasst. Der Sage nach soll sich der Sagaheld Grettir in dem heißen Wasser aufgewärmt haben, nachdem er von der Insel Drangey zum Festland geschwommen war. Für historisch Interessierte: Die Fotogalerie im Heimatmuseum in Glaumbær.

SAGAS UND PFERDE

Die Meeresbucht Húnaflói ist nach jungen Eisbären (»húni«) benannt, die der erste Siedler Ingimundur mit dem Muttertier am See Húnavatn gefangen hatte. Die Jungtiere schickte er dem norwegischen König Harald als Geschenk. Eisbären kommen regelmäßig auf Packeis nach Island, zuletzt 2010 und 2011. Sie mussten erschossen werden, da sie an Land keine Nahrung finden, wenn das Packeis sich von der Küste wieder zurückgezogen hat.

Bei Hvammstangi machen wir einen Abstecher um die Halbinsel Vatnsnes, aber zuvor statten wir dem Seehundemuseum in Hvammstangi einen Besuch ab. In Island sind der Gemeine Seehund sowie die Kegelrobbe zu Hause. Andere Seehundarten wie Sattelrobbe, Mützenrobbe, Bartrobbe und Ringelrobbe sind seltene Gäste. Gute Plätze zur Beobachtung von Seehunden gibt es bei Svalbarð und Illugastaðir auf der Westseite der Halbinsel Vatnsnes sowie an der Mündung von Sigríðarstaðavatn bei Ósar. Einer isländischen Volkssage zufolge sind die Seehunde Menschen, die dazu verbannt sind, im Meer zu leben. Nur zur Mittsommerwende kommen sie an Land und legen ihr Fell ab. In dieser Nacht zeigen sie ihre Menschengestalt und feiern und tanzen. Unterhalb des Hofes Ósar steht der Basaltfelsen Hvítserkur im Meer, der Sage nach ein Nachttroll, der von der Sonne überrascht und zu Stein wurde.

Schier unzählig sind die Hügel der Vatnsdalshólar. Wahrscheinlich bildeten sich diese Anhöhen nach der letzten Eiszeit durch einen gigantischen Bergrutsch. Nördlich der Ringstraße steht eine der schönsten Steinkirchen Islands, Þingeyrarkirkja, aus dem 19. Jahrhundert. Die Steine zum Bau der Kirche mussten im Winter auf Schlitten über den gefrorenen See Hóp transportiert werden.

Von Blönduós können wir zwischen drei Routen in den Skagafjörður wählen. Die Ringstraße folgt dem Gletscherfluss Blanda und führt über den Bergpass Stóra-Vatnsskarð. Entlang der Küste gelangen wir nach Skagaströnd und umrunden die Halbinsel Skagi. In der Bucht Kálfshamarsvík auf der Westseite der Halbinsel säumen Basaltsäulen die steile Küste, und bei Selvíkurtangi sonnen sich gerne Seehunde auf den vorgelagerten Schären. Der kürzeste Weg jedoch führt durch das Tal Laxárdalur nach Sauðárkrókur, der größten Ortschaft im Skagafjörður. Auf der Landzunge Reykjadiskur hat man eine heiße Quelle mit Basalt eingefasst und durch eine kunstfertig aufgeschichtete Steinmauer gegen die Brandung geschützt. Das Thermalbad Grettislaug ist nach dem Sagenhelden Grettir benannt, von dem die gleichnamige Isländersaga aus dem 14. Jahrhundert erzählt. Grettir war vom Parlament in Þingvellir zum Gesetzlosen erklärt und für 20 Jahre aus der Gesellschaft ausgestoßen worden. Die letzten Jahre seiner Verbannung hatte er mit

Erdichtet

Ein Denkmal aus Basaltsäulen auf dem Pass Vatnsskarð erinnert an den Dichter Stephan G. Stephansson, der wie viele Isländer Ende des 19. Jahrhunderts nach Nordamerika auswanderte. Er dichtete weiterhin auf Isländisch und seine Gedichtbände wurden in Reykjavík herausgegeben. Natürliche Säulenbasaltformationen gibt es in Staðarbjörg bei Hofsós.

seinem Bruder Illugi auf der Insel Drangey verbracht. Als ihnen einmal das Feuer ausging, soll Grettir von Drangey nach Reykjaströnd geschwommen sein und sich in der heißen Quelle aufgewärmt haben. Die Insel Drangey indes galt als Vorratskammer des Skagafjörður. Im Frühjahr wurden in den steilen Felsen Vogeleier gesammelt und Seevögel gefangen. Im Sommer fahren täglich Bootsausflüge von Reykir und Sauðárkrókur zur Insel. Der Aufstieg durch die steile Felswand ist gut gesichert, jedoch sollte man dafür schwindelfrei sein.

An der Straße von Sauðárkrókur nach Varmahlíð befindet sich der Pfarrhof Glaumbær, heute Heimatmuseum der Region. Ebenfalls sehenswert ist die Torfkirche Víðimýri nur wenige Kilometer von Varmahlíð entfernt. Und wer Abenteuer sucht, kommt beim Rafting auf den Gletscherflüssen Vestari und Austari Jökulsá auf seine Kosten. Die beiden Flüsse entspringen unter dem Gletscher Hofsjökull im Hochland und vereinigen sich schließlich im Gletscherfluss Heraðsvötn.

Der Skagafjörður ist ein Zentrum des Reitsports und der Pferdezucht. Hólar í Hjaltadal ist historischer Bischofssitz von Nordisland. In dem kleinen Ort befindet sich auch die Agrarhochschule mit Abteilungen für Pferdezucht und Reitsport, Fischzucht und Tourismus. Das historische Pferdemuseum zeigt eine ständige Ausstellung zur Geschichte des Islandpferdes.

Während der Bauernkriege, Sturlungaöld genannt, war der Skagafjörður Schauplatz zahlreicher blutiger Auseinandersetzungen. Viele Ortsnamen erinnern an diese düstere Episode der isländischen Geschichte.

Das kleine Hofsós liegt auf der Ostseite des Fjordes. Bei Staðarbjörg südlich davon säumen Basaltsäulen die steile Küste. Das restaurierte Lagerhaus am Hafen ist eines der ältesten Holzhäuser des Landes, und der ehemalige Kaufladen ist heute ein Zentrum zur Geschichte der Auswanderung nach Nordamerika. Vom Thermalfreibad direkt an der Steilküste hat man einen guten Blick über den Fjord und zur Insel Drangey.

»Der Knappe ist König eine Weil,
ohne Krone regiert er Land und Kontinente.«

Einar Benediktsson, Fákar

Wege zum
GLÜCK

AUSRITT AUF ISLANDPFERDEN – EINE TOUR IN TÖLT UND PASS

Das Islandpferd ist zwar klein, aber robust und bei Reitern für sein gutmütiges Wesen und seine variablen Gangarten beliebt – neben Schritt, Trab und Galopp verfügt es zusätzlich über Tölt und Pass. Ersterer ist ein Viertakter, wobei der Reiter fast erschütterungslos auf einem locker schwingenden Rücken sitzt. Die isländische Bezeichnung »tölt« wurde für diese Gangart in der Fachsprache übernommen. Der Pass ist eine Gangart im Zweitakt, bei der die gleichseitigen Beinpaare abwechselnd auffußen. Beim Islandpferd wird auch vom »fliegenden Rennpass« gesprochen, da der Pass im Renntempo und mit Flugphase geritten wird.

Dank der Isolation der Insel und einer strengen Schutzpolitik konnte diese alte europäische Pferderasse erhalten bleiben. Islandpferde, die im Ausland an Turnieren teilnehmen, dürfen zur Vermeidung von Krankheiten nicht wieder nach Island zurückkehren. Zahlreiche Reiterhöfe in allen Landesteilen bieten Ausritte an. Ein Ausritt auf dem Islandpferd über unberührte Strände, einsame Hochmoore oder Hochlandwüsten ist ein unvergessliches Erlebnis.

Sagenhaft

Die Steilfelsen Ketubjörg im Skagafjörður sind ebenso beeindruckend wie die horizontal geschichteten Basaltsäulen bei Kálfshamarsvík. Das alte Pfarrhaus in Glaumbær ist gut restauriert und beherbergt heute das Heimatmuseum des Skagafjörður. Im Museum in Reykir werden den Kindern Geschichten aus der Grettis-Saga erzählt.

Eyjafjörður und Tröllaskagi

SCHNEE-BEDECKTE GIPFEL, GRÜNE TÄLER

Himmelhoch

Akureyri ist eine wachsende Stadt. In der Fußgängerzone herrscht im Sommer reges Leben. Eine steile Treppe führt aus der Innenstadt hoch zur Kirche von Akureyri. 110 Stufen soll die Treppe haben. Tröllaskagi wird auch im Sommer nicht schneefrei. Die hohen Gipfel laden zum Bergwandern und zu Skitouren ein.

AKUREYRI, HAUPTSTADT DES NORDENS

Akureyri liegt am Ende des Fjordes Eyjafjörður. Als die größte Stadt in Nordisland ist sie zugleich administratives wie kulturelles Zentrum der Region. Die alten, gut restaurierten Holzhäuser in Hafnarstræti und Aðalstræti zeugen von der Bedeutung der Stadt als dänisches Handelszentrum im 18. und 19. Jahrhundert. Aus der Innenstadt führt eine steile Treppe hoch zur Kirche von Akureyri. Eines der Bleiglasfenster stammt aus der Kathedrale im englischen Coventry, und im Kirchenschiff hängt das Modell eines Segelschoners. Auch der Botanische Garten ist im Sommer einen Besuch wert. Es gibt eine Abteilung für isländische und arktische Flora, aber hier gedeihen auch Blumen und Sträucher, die man in diesen hohen Breitengraden eigentlich nicht erwartet. Im Winter lockt das Skigebiet am Berg Hlíðarfjall die Wintersportler aus allen Teilen des Landes an.

Tröllaskagi, die Halbinsel zwischen den Fjorden Skagafjörður und Eyjafjörður, ist eine alpine Bergregion mit vielen über 1000 Meter hohen Gipfeln, tiefen Tälern und kleinen Kargletschern. Das Tal Svarfaðardalur ist ein idealer

Ausgangspunkt für Bergwanderungen im Sommer und Skitouren im Frühjahr. Die Bewohner von Dalvík laden am zweiten Wochenende im August zum großen Fischbüfett ein. Dann kann man von Haus zu Haus schlendern und die selbst gemachten Fischgerichte probieren, und am Abend wird zum Tanz aufgespielt. Von Litla-Árskogssandur verkehrt täglich eine Fähre zur Insel Hrísey. Die Schneehühner auf der Insel sind geschützt und daher ausgesprochen zutraulich. Die alte Straße nach Ólafsfjörður am Steilhang des Ólafsfjarðarmúli war im Sommer steinschlag- und im Winter lawinengefährdet. Heute verbinden Tunnel den Ort mit Dalvík im Süden und Héðinsfjörður sowie Siglufjörður im Norden.

Siglufjörður war Anfang des 20. Jahrhunderts ein Zentrum des Heringsfangs und 1950 mit 3100 Einwohnern der fünftgrößte Ort des Landes. Als in den 1960er-Jahren der Hering ausblieb, drohte dem Ort das Schicksal einer Geisterstadt. Heute ist Siglufjörður wieder ein wichtiger Fischereihafen, und die Einwohnerzahl ist mit gut 2000 in den letzten Jahren konstant geblieben. Die alten Holzhäuser aus der Zeit des Heringsfangs wurden restauriert und als Heringsmuseum eingerichtet. Am ersten Wochenende im August erwacht die goldene Ära des Heringsfangs beim Heringsabenteuer-Fest wieder zum Leben.

Auf der Ostseite des Eyjafjörður liegt das Fischerdorf Grenivík. Der alte Pfarrhof Laufás südlich des Dorfes ist einer der schönsten torfgedeckten Bauernhöfe des Landes. Die Straße endet wenige Kilometer nördlich des Dorfes. Die letzten Höfe an der Küste Látraströnd bis zum Leuchtturm in Gjögurtá am Ausgang des Fjordes wurden Mitte des 20. Jahrhunderts verlassen. Der Schnee bleibt in den Bergen bis weit in den Sommer liegen. Wanderwege führen entlang der Küste und über hohe Bergpässe in die Buchten Keflavík, Þorgeirsfjörður und Hvalvatnsfjörður. Die Täler sind grasbewachsen und die Hänge dicht mit Beerenbüschen bedeckt. Im Osten schließt sich das breite Tal Flateyjardalur

»Ihr kennt das Land mit sanfter Braue und blauen Bergeskuppen, mit Schwanenlied, Forellenbach und Blumen in der Aue.«

Jónas Hallgrímsson, Íslands minni

an. Auch hier wurden die letzten Höfe Mitte des letzten Jahrhunderts verlassen. Vor der Küste liegt die Insel Flatey. 1967 zogen die letzten Bewohner weg, doch manche Häuser werden von den Nachkommen noch als Sommerrefugien genutzt. Die unbewohnte Halbinsel ist ein Paradies zum Wandern. Jeeppisten führen von Dalsmynni nach Hvalvatnsfjörður und Flateyjardalur.

Im Tal Öxnardalur an der Ringstraße westlich von Akureyri erheben sich die bizarren Bergzinnen Hraundrangar, ehemalige Vulkanschlote, die sich bei der Eruption als letztes mit flüssigem Vulkangestein füllten, unter hohem Druck und langsamer Abkühlung besonders hart wurden und den Erosionskräften besser standhalten konnten. Im Bauernhof Hraun am Fuß der Zinnen kam der isländische Dichter Jónas Hallgrímsson (1807–1845) zur Welt.

Das Eyjafjörður-Tal südlich von Akureyri ist eine fruchtbare Agrarregion mit zahlreichen historischen Höfen. Eine Jeeppiste verläuft vom Ende des Tales zum Hochland am Fuß des Gletschers Hofsjökull.

Die Ringstraße führt östlich des Fjordes über den Bergpass Víkurskarð ins Tal Fnjóskadalur. Vaglaskógur ist einer der am besten erhaltenen Birkenwälder des Landes. Kurz hinter dem See Ljósavatn kommen wir an den Gletscherfluss Skjálfandafljót, der in zwei Armen die Insel Hrútey umfließt und am Wasserfall Goðafoss (»Götterfall«) in die östliche Schlucht hinunterstürzt. Der Sage nach soll der Gesetzessprecher Þorgeir vom Hof Ljósavatn im Jahr 1000 nach seiner Rückkehr vom Parlament in Þingvellir, wo das Christentum angenommen wurde, seine Götzenbilder den Wasserfall hinuntergeworfen haben.

Zwergenhaft

Ein Kreuzfahrtschiff hat im Hafen von Akureyri angelegt. Im Vergleich zum monströsen Schiff wirken die Häuser der Stadt zwergenhaft. Ein Denkmal erinnert in Dalvík an den Schiffsbauer Eyvindur Jónsson.

Blühend

Blumen blühen auf einer Kiesbank im Tal Norðurárdalur.
Ein mooriger Bach stürzt hinunter in den Fluss. Das eisenhaltige Wasser hat das Bachbett rötlich gefärbt.

Húsavík liegt auf der Ostseite der Meeresbucht Skjálfandi (»Bebender«), die ihren Namen häufig auftretenden Erdbeben verdankt. Der Schwede Garðar Svavarsson hatte schon vor der Besiedlung durch Ingólfur Arnarson einen Winter in Húsavík verbracht. Er gab dem Land den Namen Garðarshólmi und pries es nach seiner Rückkehr nach Norwegen in den höchsten Tönen. Einer seiner Männer, Náttfari, blieb zurück und ließ sich in Náttfaravík nieder. Die Bewohner von Húsavík feiern ihn als ersten Siedler des Landes. In den letzten Jahren hat sich die Ortschaft zu einem Zentrum der Walbeobachtung entwickelt. Buckelwale, Blauwale und Zwergwale sind in den Sommermonaten häufige Gäste in der Bucht. Im Walmuseum in Húsavík kann man sich ausführlich über die großen Meeressäugetiere informieren.
Vor der Küste liegt die kleine Vogelinsel Lundey (»Papageitaucherinsel«). »Lundi« ist der isländische Name für den Papageitaucher, der zu Tausenden auf der Insel sowie in der Steilküste der Halbinsel Tjörnes brütet. An der Nord- und Westküste der Halbinsel befinden sich bis zu 500 Meter mächtige Ablagerungen, u.a. Muschel- und Braunkohleschichten, aus dem Tertiär und Pleistozän. An der Landungsbrücke bei Hallbjarnarstaðir kann man die verschiedenen Schichten in den steilen Sandsteinfelsen lesen.

Gigantisch

Eine herrliche Aussicht bietet die Terrasse dieses Cafès am Hafen von Húsavík. Alte Fischkutter liegen im Heringsmuseum in Siglufjörður. Im Walmuseum in Húsavík wird man ausführlich über die gigantischen Meeressäugetiere informiert. Die Staatslimousine der isländischen Präsidentin Vigdís Finnbogadóttir, ein Cadillac, sowie ein Oldtimer befinden sich im Automuseum in Ystafell. Die Ausstellung und die ehemalige Fischmehlfabrik Grána veranschaulichen im Heringsmuseum von Siglufjörður die Bedeutung der Heringsindustrie.

»Leben ist Salzfisch.«

Halldór Laxness, Salka Valka

Wege zum GLÜCK

GRÍMSEY – MITTERNACHTSSONNE AM POLARKREIS

Die Insel Grímsey liegt 40 Kilometer nördlich der isländischen Küste direkt auf dem Polarkreis. Dennoch ist das Klima mit Temperaturen von minus 1 °C im Januar und plus 8 °C im Juli relativ ausgeglichen – dafür sorgt der Nordatlantikstrom, eine Verlängerung des warmen Golfstromes, der Island umrundet. In den steilen Klippen brüten Eissturmvögel, Möwen, Lummen und Alken. Schon von alters her sind die Seevogeleier ein wichtiger Bestandteil der Inselküche. Wenn die Eiersammler sich Ende Mai oder Anfang Juni zum ersten Mal an den Felsen abseilen, laden die Inselbewohner zu einem kulinarischen Fest ein. Haupterwerbszweig der knapp 100 Einwohner ist der Fischfang. Wer die Mitternachtssonne erleben möchte, ist auf Grímsey richtig, denn hier geht die Sonne von Ende Mai bis Anfang Juli nicht unter. Von Akureyri wird die Insel im Sommer täglich angeflogen, und von Dalvík geht dreimal in der Woche eine Fähre. Wahrzeichen der Insel ist der Eisbär, der mit dem Packeis an die isländische Küste kommt. Der Sage nach rettete einst eine Eisbärin einen Inselbewohner, der über das vereiste Meer Feuer vom Festland holen wollte, vor dem Ertrinken.

Mývatn und Jökulsárgljúfur

VON VULKANEN UND TROLLEN

BILDERBUCH DER NATUR

Der See Mývatn ist das touristische Zentrum der Region, ein Paradies für Vogelfreunde und ein Bilderbuch der Geologie. Vor ca. 3800 Jahren eruptierte der Schildvulkan Ketildynja. Die Lava staute den See Mývatn und floss weiter durch das Tal Laxárdalur zur Küste. Die nächste Eruptionsphase begann vor ca. 2700–2900 Jahren mit einer Explosiveruption, in welcher der Tephraring Hverfell gebildet wurde. Vor ca. 2300 Jahren öffnete sich ein Spaltenvulkan bei Lúdentarborgir und Þrengslaborgir und Lava strömte über den südlichen Teil des Sees. Hierbei entstanden durch Dampfexplosionen Pseudokrater wie z.B. bei Skútustaðir, die Schlackenkratern täuschend ähnlich sein können. Das Lavalabyrinth Dimmuborgir sowie die bizarren Lavaforma-

Kunstvoll

Der Steinbogen im Lavalabyrinth in Dimmuborgir ist ein Kunstwerk der Natur. Geflochtene Stricklava bei Reykjahlíð entstand bei der Vulkaneruption 1729. Wie eine Farbpalette sehen die Schlammquellen bei Þeistareykir aus.

tionen bei Kálfaströnd und Höfði sind Überreste eines ehemaligen Lavasees, dessen flüssige Lava sich später über den See Mývatn entleerte. Für Vogelfreunde sind der See Mývatn, der Fluss Laxá sowie die umliegenden Feuchtlandregionen ein Paradies. Hier brüten 15 Entenarten, u.a. die Hausente und die Kragenente, zwei amerikanische Entenarten, die in Island ihre östlichste Ausbreitung haben. Der Gerfalke, im Mittelalter ein beliebter Jagdfalke, ist in der umliegenden Lava zuhause. Die Mücken, denen der See seinen Namen verdankt, sind ein wichtiges Glied in der Nahrungskette sowohl für die Vögel als auch für die Forellen und Saiblinge. Markierte Wanderwege führen durch das Lavalabyrinth Dimmuborgir und auf den Tephraring Hverfell. Vom Fuße des Kraters führt eine Jeeppiste zum Spaltenvulkan Lúdentarborgir und Þrengslaborgir. Hier abseits der Touristenattraktionen gibt es entlang der Vulkanspalte zahlreiche Krater und Lavahöhlen zu entdecken. Ein einzelner Krater hatte sich südlich der Kraterreihe in der Schlucht Seljahjallagil geöffnet. Die Lava füllt den Boden der Schlucht. Die Eruptionsphase Mývatnseldar (»Mývatn-Feuer«) begann 1724 mit einem Explosivausbruch in der Caldera Krafla. Hierbei entstand der Kratersee Víti. Die Eruptionsphase hielt fünf Jahre an und endete 1729 mit einem Lavastrom, der mehrere Höfe am Ufer des Sees Mývatn vernichtete und die Kirche bei Reykjahlíð umfloss. Eine weitere Eruptionsphase mit acht Eruptionen in neun Jahren, Kröflueldar (»Krafla-Feuer«), begann 1975. Im selben Jahr hatte man begonnen, ein Geothermalkraftwerk in der Caldera Krafla zu errichten. Die Magmakammer liegt nur ca. drei Kilometer unter der Oberfläche. Die Eruption machte dem Bau zunächst einen

»Ungebändigt und bezaubernd
bist du mächtiger Wasserfall.
Kraftvoll stürzt du ohne Halt
in den tiefen Felsenspalt.«

Kristján Jónsson »der Gebirgsdichter«, Dettifoss

Strich durch die Rechnung. Das Land hob und senkte sich und Magma strömte in Intrusionen bis dicht an die Erdoberfläche. Bohrlöcher wurden beschädigt und einmal konnte sogar Lava durch ein Bohrloch an die Oberfläche fließen. Erst als die Eruptionsphase aufhörte, konnte das Kraftwerk seine volle Kapazität erreichen.

Jökulsárgljúfur ist heute ein Teil des Vatnajökull-Nationalparks und umfasst die Schlucht sowie die nähere Umgebung des Gletscherflusses Jökulsá á Fjöllum vom Wasserfall Dettifoss bis zur Schlucht Ásbyrgi. Dettifoss ist der mächtigste Wasserfall Europas, mit einer Höhe von 44 Metern und einer durchschnittlichen Wasserführung von 180 bis 190 m^3/s. Ein markierter, 33 Kilometer langer Wanderweg führt von Dettifoss entlang dem Schluchtrand bis nach Ásbyrgi. Bei Vesturdalur haben zwei hohe Felszinnen in der Schlucht den Fluten widerstanden. Der Sage nach sind es Nachttrolle, Karl (»Mann«) und Kerling (»Weib«), die von der Sonne überrascht und zu Stein wurden.

Kelduhverfi, die Region zwischen der Halbinsel Tjörnes und dem Gletscherfluss Jökulsá á Fjöllum zeigt Spuren tektonischer Aktivitäten. Besonders während der Vulkanaktivitäten in der Caldera Krafla traten immer wieder starke Erdbeben auf und neue Risse und Spalten wurden gebildet. Ein Teil des Landes senkte sich und ein neuer See, Skjálftavatn (»Bebensee«) entstand, der aus Seitenarmen des Gletscherflusses gespeist wird. Die Feuchtlandregion am Ufer des Öxarfjörður ist ein Brutgebiet für zahlreiche Enten- und Watvögel.

Mächtig

Brodelnde Schlammtöpfe liegen bei Leirrönd am Fuße von Námaskarð. Es wird einem schwindlig, wenn man versucht, dem fallenden Wasser von Dettifoss mit den Augen hinunter in die Schlucht zu folgen. Nicht zu Unrecht ist Dettifoss der mächtigste Wasserfall Europas.

Abgeschieden

Die roten Aschenhänge des erloschenen Vulkans Rauðhólar beeindrucken im Nationalpark Jökulsárgljúfur. Ein kleiner Wasserfall stürzt bei Sonnenuntergang am Fjord Öxarfjörður ins Meer.

Einsame FJORDE durchstreifen

OSTISLAND

Der Nordosten

WO SICH FUCHS UND RENTIER GUTE NACHT SAGEN

EINSAME KÜSTE UND HOCHWEIDEN

Der Sage nach sollen die Polarfüchse zum ersten Mal in Melrakkaslétta in Island Fuß gefasst haben. Melrakki, »Kieswüstenhund«, ist einer der Namen des Polarfuchses, nach dem die Region benannt ist. Die Polarfüchse sind die einzigen Landsäugetiere, die schon vor den Menschen in Island beheimatet waren. Wahrscheinlich sind sie gegen Ende der letzten Eiszeit mit Packeis hierhergekommen. Es gibt zwei Farbvarianten, Weißfuchs und Blaufuchs. Die weißen Füchse werden im Sommer graubraun, während die Blaufüchse das ganze Jahr über dunkelbraun bleiben. Die dünn besiedelte Region ist auch ein Brutparadies für Vögel. An der Küste schützen die Bauern die Brutplätze der Eiderenten vor ihren natürlichen Feinden – unter anderem dem Polarfuchs – und sammeln die Eiderdaunen aus den Nestern. Eiderdaunen haben hervorragende Isolationseigenschaften und sind als Füllmaterial für Bettdecken gefragt. Während der Brutzeit sollten die Brutgebiete der Eiderenten gemieden werden.

Mutig

Die bizarren gelben Felsen Þerribjörg nördlich von Hellisheiði scheinen zu einer anderen Welt zu gehören. Die Wanderung ist nicht einfach, wird jedoch mit einem großartigen Blick belohnt. Junge Polarfüchse, Blaufuchs und Weißfuchs, spähen neugierig aus ihrem Versteck. Im Thermalbecken bei Laugarfell nordöstlich von Snæfell kann man seine müden Muskeln entspannen.

In Hraunhafnartangi steht der nördlichste Leuchtturm des isländischen Festlandes, nur rund drei Kilometer südlich des Polarkreises. Oberhalb von Raufarhöfn befindet sich Arctic Henge, eine Skulptur aus 72 Steinblöcken, von denen jeder einen Zwergnamen aus der Edda trägt. Zusammen mit den vier Steintoren für die Jahreszeiten repräsentiert die Skulptur den Jahresring.

Vom Fischerdorf Þórshöfn zweigt eine Straße zur Halbinsel Langanes ab. Steile Vogelfelsen säumen die Küste. Die meisten Höfe und das Dorf Skálar wurden Mitte des 20. Jahrhunderts verlassen. Basstölpel brüten auf der Felszinne Stórikarl an der äußersten Spitze der Halbinsel. Von der Aussichtsplattform bei Fontur kann man auf die Nester hinunterschauen.

Kurz vor Vopnafjörður führt ein markierter Wanderweg an den steilen Vogelklippen von Fuglabjarganes entlang. Im Thermalfreibad in Selárdalur kann man anschließend seine müden Glieder entspannen. Vopnafjörður ist das Fischerei- und Handelszentrum der Region. In dem restaurierten alten Kaufladen Kaupvangur gibt es eine ständige Ausstellung zu den Brüdern Jón Múli Árnason (1921–2002) und Jónas Árnason (1923–1998), beliebten Komponisten und Autoren. Bustarfell im Hofsárdalur ist einer der am besten erhaltenen Torfhöfe des Landes und beherbergt heute ein Heimatmuseum. Von Vopnafjörður folgen wir dem Ostufer des Fjordes. Direkt neben der Küstenstraße stürzt der Fluss Gljúfursá in eine tiefe Schlucht. Vor der bizarren Felsküste Skjólfjörur steht die unterhöhlte Felszinne Ljósatapi, die wie ein Elefant ihren Rüssel ins Meer steckt. Vom Bergpass Hellisheiði führt ein mehr schlecht als recht markierter Wanderweg über Dýjafjall nach Kollumúli und zu den farbenprächtigen Klippen bei Þerribjörg.

Königlich

Basstölpel hocken auf der Felszinne Stórikarl bei Fontur auf der Halbinsel Langanes. Der Tafelberg Herðubreið, die Königin der isländischen Berge, thront über dem nördlichen Hochland.

Grímsstaðir und Möðrudalur á Fjöllum gehören zu den höchstgelegenen Bauernhöfen des Landes. Hier wurde mit minus 38 °C die bisher niedrigste Temperatur in Island gemessen. Die wüstenhaften Hochweiden reichen bis zum Gletscher Vatnajökull. Die Schafe werden für ihr hochqualitatives Fleisch gerühmt. Möðrudalur liegt an der alten Ringstraße zwischen Mývatn und Egilsstaðir. Im Sommer wird ein Bergcafé bewirtschaftet. Die kleine Kirche wurde 1949 vom Bauern Jón A. Stefánsson zum Andenken an seine verstorbene Frau selbst errichtet. Auch das Altarbild hat er eigenhändig gemalt. Über dem Hochland thront Herðubreið, die Königin der isländischen Berge. Der 1682 Meter hohe Tafelberg ist von steilen Felswänden umgürtet und nur an einer Stelle zu besteigen.

Auf der Hochweide Jökuldalsheiði östlich von Möðrudalur standen früher mehrere Berghöfe. Bei der Vulkaneruption in der Caldera Askja 1875 wurde das Weideland von Asche verwüstet. Insgesamt wurden bei der Eruption 2,5 km^3 Asche und Lockerstoffe freigesetzt. Aschenfall war in ganz Nordeuropa, u.a. auch in Hamburg, zu verzeichnen. Öskjuvatn, ein neuer Calderensee, bildete sich. Mit 220 Metern ist er der tiefste See des Landes. Es kam zu einer Auswanderungswelle und viele Isländer fanden in Nordamerika eine neue Heimat. Einige Höfe wurden später wieder bewirtschaftet, doch schließlich Mitte des 20. Jahrhunderts endgültig verlassen.

Der Hof Sænautasel wurde 1943 verlassen und 1992 als Museum und Sommercafé restauriert. Der Schriftsteller Halldór Laxness (1902–1998) hatte den Hof 1926 besucht und benutzte ihn als Vorbild für seinen Roman »Sein eigener Herr«. In dem Roman schildert er das Leben auf den Berghöfen und den hoffnungslosen Kampf um Selbstständigkeit.

»Ich male immer wieder Bilder von Herðubreið, es ist ein so genialer Berg. Ich habe ihn in der Mitte, mit Bræðraskarð auf der einen und Upptyppingar auf der anderen Seite, obwohl diese viel weiter entfernt sind. Ich versetze sie einfach.«

Stefán frá Möðrudal, naiver Maler vom Hof Möðrudalur

»Der Mensch bangt vor der Einsamkeit, auf der sein Selbst beruht, die sein Selbst ist, bangt davor, ohne Mitmenschen ringsum zu sein – und vielleicht von Gott vergessen.«

Gunnar Gunnarsson, Advent im Hochgebirge

Jeeppisten führen nach Kverkfjöll, Kárahnjúkar und Snæfell. Die Tundra am Fuße des Gletschers Vatnajökull ist Heimat des Rentieres, das ursprünglich Ende des 18. Jahrhunderts zur Rentierzucht von Norwegen eingeführt wurde und heute wild in Herden nördlich und nordöstlich des Gletschers Vatnajökull lebt. Kurzschnabelgänse brüten in Eyjabakkar, einem Feuchtlandgebiet am Rande des Gletschers mit üppiger Vegetation in gut 600 Metern Höhe. Bei Kárahnjúkar wurden 2007 die Gletscherflüsse Jökulsá á Dal und Jökulsá í Fljótsdal für ein Wasserkraftwerk gestaut. Der neue Stausee überflutet einen Teil des Weidelandes der Rentiere. Über die Tundra erhebt sich Snæfell, mit 1833 Metern der höchste Berg Islands außerhalb des Gletschers Vatnajökull. Vom kegelförmigen Gipfel hat man eine atemberaubende Aussicht über das umliegende Hochland.

Die beiden Gletscherflüsse münden in den Meerbusen Héraðsflói und haben eine breite Sandküste aufgespült. Seehunde ziehen gerne die Gletscherflüsse hoch, um Forellen und Lachse zu fischen. In Húsey ist nicht selten ein Heuler auf dem Hof – Heuler sind junge Seehunde, die vom Muttertier verlassen wurden und ohne Hilfe nicht überleben könnten.

Einsam

Die alte Hauswirtschaftsschule liegt in Hallormsstaður, im größten Waldgebiet des Landes. Der Schriftsteller Gunnar Gunnarson lebte auf dem Gutshof Skriðuklaustur. Rentiere ziehen im Herbst aus dem Hochland hinunter in die Täler. Arctic Henge ist eine Skulptur aus 72 Steinblöcken, von denen jeder einen Zwergnamen aus der Edda trägt. Der restaurierte Torfhof Sænautasel befindet sich auf der Hochweide Jökuldalsheiði. Ziegen rasten auf der Weide bei Möðrudalur, einem der einsamsten und höchstgelegenen Höfe des Landes.

Egilsstaðir und Ostfjorde

EIN LINDWURM WACHT IM LAND DER ELFEN

Gestreift

Der helle Rhyolithberg Hvítserkur ist von dunklen Basaltgängen durchzogen. Schafe machen Rast auf der Bergweide. Der Gletscherfluss Lagarfljót breitet sich südlich von Egilsstaðir zu einem See aus, Lögurinn genannt. Dunkle und rote vulkanische Schichten weist der Wasserfall Hengifoss auf.

HOHE WASSERFÄLLE UND TIEFE FJORDE

Egilsstaðir ist das Zentrum der Ostfjorde. Die Ortschaft liegt am Gletscherfluss Lagarfljót, der sich hier zu einem 30 Kilometer langen und bis zu 2,5 Kilometer breiten Gletschersee ausgebreitet hat. Der Sage nach soll ein Lindwurm, Lagarfljótsormurinn, auf dem Boden des Sees seinen Goldschatz hüten. Das trübe Gletscherwasser verstärkt den mystischen Eindruck. Auf der Ostseite des Sees liegt das größte Waldgebiet des Landes, Hallormsstaðarskógur, heute ein Zentrum für Aufforstung. Bei Hjarðarból am Westufer führt ein Wanderweg zu den Wasserfällen Litlanesfoss und Hengifoss. Letzterer, der dritthöchste Wasserfall des Landes, stürzt eine 128 Meter hohe, schwarz und rot geschichtete Felswand hinunter.

Strahlenförmig führen steile Bergstraßen von Egilsstaðir in die Ostfjorde. Im Norden liegt der Fjord Borgarfjörður eystri. Von Unaós führt die Straße über den Bergpass Vatnsskarð (431 m) nach Njarðvík und durch die steilen Geröllhänge Njarðvíkurskriður. Am Ende des kleinen Fjordes liegt das Fischerdorf Bakkagerði. Mitten im Ort steht der Felshügel Álfaborg (»Elfenburg«). Einer Volkssage zufolge soll er Wohnsitz der Stammesführer der Elfen in Ostisland sein. Wanderrouten führen in verlassene Fjorde entlang der Küste nach Seyðisfjörður.

Die Straße von Egilsstaðir nach Seyðisfjörður führt über den Bergpass Fjarðarheiði (620 m). In einer Reihe malerischer Wasserfälle stürzt der Fluss Fjarðará neben der Straße den steilen Hang hinunter in den Fjord. Die alten Holzhäuser am Hafen zeugen von der Blüte des Heringsfangs Ende des 20. Jahrhunderts. Von Seyðisfjörður verkehrt wöchentlich eine Autofähre über die Färöer nach Norwegen und Dänemark. Eine Jeeppiste führt auf der Südseite des Fjordes zum renovierten Hof Skálanes, der im Sommer als Landgästehaus betrieben wird. Von hier kann man entlang den Steilklippen Skálanesbjarg zum Leuchtturm in Dalatangi wandern.

Über den Bergpass Mjóafjarðarheiði führt die Bergstraße in den Fjord Mjóifjörður. Hier lebten um 1900 gut 400 Einwohner. Heute zählt das kleine Dorf Brekkuþorp gerade noch 30 Einwohner. Eine Fähre verkehrt regelmäßig von Neskaupsstaður.

Durch das Tal Fagridalur führt die Straße von Egilsstaðir in die Fjorde Reyðarfjörður, Eskifjörður und Norðfjörður. In Reyðarfjörður wurde 2007 ein Aluminiumschmelzwerk in Betrieb genommen. Bei Helgustaðir an der Nordseite des Fjordes hat man früher Doppelspat abgebaut, die Mine steht unter Naturschutz. Von Eskifjörður führt

Geheimnisvoll

Der Bergsturz Stórurð liegt am Fuße der imposanten Gipfel von Dyrfjöll auf dem Weg nach Borgarfjörður eystri. Mondschein erhellt den verlassenen Fjord Loðmundarfjörður.

die Straße über den Bergpass Oddskarð und durch einen Tunnel zum Fjord Norðfjörður. Vom Ortsausgang in Neskaupsstaður folgen wir dem Wanderpfad entlang der Küste nach Páskahellir, einer von der Brandung ausgespülten Basalthöhle. Von hier hat man einen guten Blick über die Bucht Norðfjarðarflói zu den rötlichen Felsen von Rauðubjörg auf der Halbinsel Barðsnes.

Ein knapp sechs Kilometer langer Tunnel verkürzt den Weg nach Fáskrúðsfjörður. Doch wer den Ausblick zur Vogelinsel Skrúður genießen möchte, muss der Küstenstraße um die Halbinsel Vattarnes folgen. Myriaden von Seevögeln nisten in den steilen Felsen und auf dem Inselplateau. Die französische Kapelle sowie das restaurierte französische Spital in Fáskrúðsfjörður stammen vom Ende des 20. Jahrhunderts, als französische Fischer hier einen Standort hatten. Die Küstenstraße führt um die Halbinsel Hafnarnes in den kleinen Fjord Stöðvarfjörður und weiter in die Bucht Breiðdalsvík. Im Geologischen Zentrum in Breiðdalsvík gibt es eine gute Mineralienausstellung mit Funden aus der Region. Von hier führt die Ringstraße über den Bergpass Breiðdalsheiði nach Egilsstaðir.

Ein Leuchtturm steht auf der Landzunge Streitishvarf zwischen Breiðdalsvík und Berufjörður. Auf der Südseite des Berufjörður thront der pyramidenförmige Gipfel des Búlandstindur, das Wahrzeichen der Region. Vom Ende des Fjordes gelangt man auf einer steilen Schotterstraße über den Bergpass Öxi nach Egilsstaðir. Bei Teigarhorn fand man in den Felsen am Strand Zeolithe. Das Gebiet steht unter Naturschutz. Das Fischerdorf Djúpivogur liegt am Ausgang des Fjordes. Im 16. Jahrhundert hatte hier die Deutsche Hanse eine Handelsstation. Langabúð, das älteste Haus des Ortes aus dem Jahr 1850, dient heute als Kulturzentrum und Museum. Von Djúpivogur verkehrt im Sommer eine Fähre zur Insel Papey (»Mönchsinsel«), einem Brutparadies für Eiderenten und Papageitaucher. Die Insel war bis 1966 bewohnt. Papar wurden die irischen Mönche genannt, die schon vor den ersten nordischen Siedlern auf der Insel gelebt haben sollen.

»Es gibt den Ort im Himmel, der Elfenwelt genannt wird. Dort wohnen die Lichtelben, aber die Schwarzelben leben unten in der Erde. Die Lichtelben sind schöner als die Sonne, aber die Schwarzelben sind schwärzer als Pech.«

Snorra-Edda, Gylfagynning

Verwunschen

Seenebel hat sich über den Fjord bei Djúpivogur gelegt. Ein Steinbogen öffnet sich im Tal Jafnadalur am Wanderweg zwischen den Fjorden Stöðvarfjörður und Fáskrúðsfjörður. Beim Bauernhof Teigarhorn am Berufjörður befinden sich Fundstellen von Zeolithen in der steilen Felsküste. Die alte Kirche in Stöðvarfjörður dient heute als Jugendherberge.

Wege zum GLÜCK

FJARÐASLÓÐIR – ZU FUSS ZU VERLASSENEN FJORDEN

Wir beginnen die Wanderung in Norðfjörður am Ende der Straße nach Grænanes und folgen dem markierten Pfad entlang der Küste. Über den Höhenrücken Götuhjalli erreichen wir den Fjord Hellisfjörður. Die Bauernhöfe Sveinsstaðir und Hellisfjörður wurden 1952 verlassen. Hier müssen wir den Fluss Hellisfjarðará durchwaten. Der Pfad führt die Küste entlang, vorbei an Meereshöhlen, denen Hellisfjörður (»Höhlenfjord«) seinen Namen verdankt, und weiter um die Halbinsel Viðfjarðarnes in den Fjord Viðfjörður. Der Hof Viðfjörður am Ende des gleichnamigen Fjordes wurde 1955 verlassen. Wir haben jetzt rund 17 Kilometer zurückgelegt, ausreichend für die erste Tagesetappe. Den einsamen Fjord teilen wir mit Eiderenten und einigen wenigen Wanderern. Von Viðfjörður können wir die Tour verlängern und zur Spitze der Halbinsel Barðsnes oder über Sandvík und Vöðlavík in den Reyðarfjörður wandern. Wer mehrere Tage in der unbewohnten Fjordlandschaft verbringen möchte, muss seinen Proviant mitbringen. Frisches Wasser gibt es allerdings in den klaren Gebirgsbächen.

Glanzvoll

Ein Fischerboot liegt im Hafen von Höfn í Hornafirði. Die steilen Felswände des Lómagnúpur erheben sich mehr als 600 Meter über die Sanderfläche des Skeiðaársandur. Wasser hat an der Gletscherzunge des Breiðamerkurjökull Eishöhlen in das Gletschereis geschliffen.

Vatnajökull

IM EISIGEN REICH DES GLETSCHERS

HÖFN Í HORNAFIRÐI

Mitten in den steilen Geröllfeldern von Hvalnesskriður verläuft die Grenze zwischen den Bezirken Suður-Múlasýsla und Austur-Skaftafellssýsla. Vom Leuchtturm auf der Landzunge bei Hvalnes blickt man über die versandeten Lagunen Lónsfjörður und Papafjörður, die durch lange Nehrungen vom Meer getrennt sind. Wir befinden uns im Einzugsbereich des Gletschers Vatnajökull. Eine Jeeppiste führt am Gletscherfluss Jökulsá í Lóni entlang in die Hochlandregion Lónsöræfi, eine abenteuerliche Landschaft mit buntem Rhyolithgestein und tiefen Schluchten. Von der Hütte bei Kollumúli führt eine beliebte mehrtägige Wanderroute nach Snæfell, wobei Gletscherflüsse und eine Gletscherzunge zu überqueren sind.

Von der Passhöhe Almannaskarð öffnet sich ein atemberaubender Blick zur Eiskappe des Vatnajökull, von dem sich zahlreiche Gletscherzungen hinunter ins Küstentiefland erstrecken. Ihre größte Ausbreitung hatten die Gletscher Ende des 19. Jahrhunderts erreicht, seither befinden sie sich auf dem Rückzug. Insgesamt bedeckt die Eiskappe des

aus Eis und Licht: *Höhle am Vatnajökull, 2014* Abbildung aus dem besprochenen B…

Vatnajökull mit ihren Auslassgletschern eine Fläche von 8100 Quadratkilometern und ist bis zu 900 Meter dick. Auf einer Landzunge zwischen den Lagunen Skarðsfjörður und Hornafjörður liegt die Hafenstadt Höfn. Vor der Küste werden Hummer gefangen, in den Restaurants kann man die frischen Hummerschwänze kosten. In Höfn befindet sich das Gletscherzentrum mit einer ständigen Ausstellung zu Geschichte und Natur der isländischen Gletscher.

Eine Seitenstraße führt nach Hoffell und weiter zur Gletscherzunge des Hoffellsjökull. Vom Parkplatz bei Geitarfell muss man die Endmoräne hochsteigen, dort wird man mit einem großartigen Blick über den Auslassgletscher und den Gletschersee belohnt. Die steilen Felswände von Geitafell bestehen hauptsächlich aus harten Magmaintrusionen, Gabbro, die den Erosionskräften widerstehen konnten. Am Fuße des Berges wurde Gabbro abgebaut, und in der Schlucht Námugil im Hoffellsdalur befand sich früher eine Mine für Islandspat.

Die Gletscherzunge des Breiðamerkurjökull hatte um 1900 fast das Meer erreicht. Eine Endmoräne, nur 300 Meter von der Küste entfernt, markiert ihre größte Ausbreitung. Während der Kleinen Eiszeit von Anfang des 15. bis Ende des 19. Jahrhunderts hatte die Gletscherzunge Weideland und Höfe unter ihrem Eis begraben, zuletzt im Jahre 1702 den Bauernhof Breiðamörk. Seither hat sich die Gletscherzunge um rund fünf Kilometer zurückgezogen und dabei einen See freigelegt, Jökulsárlón, der sich noch mehrere Kilometer unter dem Eis fortsetzt. Neuesten Messungen zufolge ist er mit 248 Metern der tiefste See des Landes. Der Gletscher kalbt ständig Eisberge, die auf dem See treiben und eine Märchenlandschaft aus Eis bilden.

Zweimal in der Geschichte des Landes, 1362 und 1727, brach der Vulkan Öræfajökull mit jeweils verheerenden Folgen aus. Asche und Gletscherfluten verwüsteten die Region, die danach ihren Namen Öræfi (»Wüste«) bekam. Hvannadalshnjúkur ist mit 2110 Metern der höchste Gipfel

»Die Sonne hatte die Macht auf dem Gletscher an sich gerissen und den Schnee mit ihrer zudringlichen Hitze angetaut, und jetzt versuchte sie nach Kräften, die Gesichter der Frauen in Brand zu stecken, die in ihr Reich eingedrungen waren.«

Kristín Marja Baldursdóttir, Die Eismalerin

des Landes. An der Küste liegt die Halbinsel Ingólfshöfði, benannt nach Ingólfur Arnarson, der hier 874 seinen ersten Winter in Island verbracht hatte. Lummen, Alke und Möwen nisten in den steilen Klippen, und Papageitaucher haben ihre Nisthöhlen im Gras am Klippenrand. Der Sander ist Heimat der Großen Raubmöwen. Vehement verteidigen sie ihr Brutgebiet gegen jeden Eindringling.

Skaftafell ist eine Oase mit üppiger Vegetation, umschlossen von Gletscherzungen und -flüssen. Am Fuß des Berghangs befindet sich ein Zentrum des Nationalparks Vatnajökull. Markierte Wanderwege führen unter anderem zur Gletscherzunge des Skaftafellsjökull und zum Wasserfall Svartifoss, den Basaltsäulen wie Orgelpfeifen umrahmen. Der Wasserfall Mórsárfoss am Ende des Tales Mórsárdalur ist mit 227 Metern der höchste Wasserfall des Landes. Vor der breiten Gletscherzunge des Skeiðarárjökull breitet sich die Sanderfläche des Skeiðaársandur aus. Bei Gletscherläufen verwandeln sich die Gletscherflüsse in tosende Ströme, die einen Großteil der Sanderfläche überfluten. Beim letzten großen Gletscherlauf nach der Vulkaneruption 1996 bei Gjálp im Vulkansystem von Grímsvötn wurden Brücken wie Spielzeugbauten von den Eisblöcken und Wassermassen mitgerissen.

Lómagnúpur, eine der höchsten Steilwände des Landes, markiert das westliche Ende der Region. Eine Piste zweigt von der Ringstraße nach Núpsstaðarskógur ab. Der Fluss Núpsá, der besonders Anfang des Sommers viel Wasser führen kann, muss mit dem Jeep durchfurtet werden. Vom Ende des Tals führt eine anspruchsvolle Wanderroute zum Gletschersee Grænalón.

Einträchtig

Singschwäne und Schafe teilen sich brüderlich das saftige Weideland am Fuße des Gletschers. Noch vor wenigen Jahren hatte die Gletscherzunge des Fláajökull den flachen Berg umschlungen. Die Abendsonne spiegelt sich im Gletschersee bei Hoffellsjökull.

Imposant

Wie Orgelpfeifen umrahmen Basaltsäulen den Wasserfall Svartifoss bei Skaftafell im Nationalpark Vatnajökull. Eine Eisskulptur gibt in Veðurárdalur am Ostrand des Breiðamerkurjökull den Blick auf die Sonne frei. Die imposanten Gipfel des Eystrahorn verstecken sich hinter den Wolken. Arktische Vegetation wächst am Ufer des Gletschersees Fjallsárlón.

Über die großen GLETSCHER-FLÜSSE

SÜDISLAND

Kirkjubæjarklaustur

ZWERGENFELS UND LAVAMEERE

MOOSBEDECKTE LAVA

Am Pfingstsonntag, dem 8. Juni 1783, öffnete sich eine Vulkanspalte bei Lakagígar, und Lava strömte durch Schluchten und Täler hinunter zur Südküste. Im Unterland bedeckte der Lavastrom 580 Quadratkilometer, zahlreiche Höfe und Weideland fielen ihm zum Opfer. Eine Dunstwolke aus Asche und giftigen Gasen legte sich über das Land, sodass im folgenden Sommer kaum die Sonne zu sehen war. Ein Großteil des Viehs starb an Hunger oder Vergiftung, und in der Folge fielen gut 20 Prozent der Bevölkerung der Hungersnot zum Opfer. Die Aschewolke zog über ganz Europa und verursachte eine klimatische Abkühlung mit starken Ernteverlusten.

Wie eine Insel erhebt sich der Tufffelsen Orrustuhóll aus dem Lavameer Brunahraun (»Brandlava«), dem östlichen Arm des Lavastromes, der dem Flussbett des Gletscherflusses Hverfisfljót gefolgt war. In zahlreichen malerischen Katarakten inmitten üppiger Vegetation folgt der Quellfluss Fossálar dem Westrand der Lava. Bei Dverghamrar (»Zwergenfels«) formen Basaltsäulen wie von Menschen-

Samtweich

Das Lavameer Eldhraun ist von einem dicken Moosteppich eingehüllt. Sonne und Regen wechseln häufig in Island.
Ein Regenbogen überspannt Weideland bei Kirkjubæjarklaustur.
Kirkjugólf (»Kirchenboden«) liegt bei Kirkjubæjarklaustur.
Die natürlichen Säulenbasaltstrukturen sehen aus wie von Menschenhand geschaffen.

oder Zwergenhand gemeißelte Stufen und Terrassen. Der Bauernhof Foss (»Wasserfall«) verdankt seinen Namen der Kaskade, die die hohe Felswand hinter dem Hof hinunterstürzt. Die steilen Felsen sind ehemalige Meeresklippen, von der atlantischen Brandung gegen Ende der letzten Eiszeit ausgewaschen. Bei Hörglandskot konnte ein Berggang in der Form eines Kirchturms den Erosionskräften standhalten. Er trägt den schönen Namen Álfakirkja (»Elfenkirche«).

Am Ortseingang von Kirkjubæjarklaustur befindet sich eine weitere interessante Basaltsäulenformation, Kirkjugólf (»Kirchenboden«) genannt. Hier bilden die sechseckigen Basaltsäulen einen von der Natur gepflasterten Boden. Ein markierter Pfad führt von der Tankstelle am Ortseingang über die Wiese zum Säulenboden. In Kirkjubæjarklaustur sollen schon vor der Besiedlung des Landes irische Mönche gelebt haben, seinen Namen indes verdankt der Ort einem ehemaligen Nonnenkloster. Der Wasserfall Systrafoss (»Nonnenwasserfall«) entspringt aus dem See Systravatn (»Nonnensee«). Und auf dem Felsen Systrastapi (»Nonnenfelsen«) westlich der Siedlung sollen der Sage nach zwei Nonnen begraben sein, die wegen Gotteslästerung auf dem Scheiterhaufen hingerichtet wurden. Eine der zwei Grasbülten auf dem Felsplateau bleibt das ganze Jahr über grün: Dies soll das Grab der Nonne sein, die unschuldig verbrannt wurde. Wer schwindelfrei ist, kann mithilfe einer Kette den Felsen erklimmen.

Auch die Ortschaft Kirkjubæjarklaustur war vom Lavastrom aus Lakagígar bedroht. Der Pfarrer Jón Steingrímsson verfasste einen ausführlichen Bericht über die knapp ein Jahr anhaltende Eruption und die folgende Hungersnot.

Kraftvoll

Der Wasserfall Brúarfoss im Fluss Brúará (»Brückenfluss«) in Biskupstungur: Der Sage nach soll ein Steinbogen den Fluss an dieser Stelle überbrückt haben. Der Seljalandsfoss am Fuße der Eyjafjöll zeigt sich im Wintergewand.

Am 20. Juli 1783 hielt er trotz des sich bedrohlich nähernden Lavastromes in Kirkjubæjarklaustur Gottesdienst. Am selben Tag kam die Lava im Flussbett des Gletscherflusses Skaftá westlich der Siedlung zum Halten. Seine Predigt ist in Island unter dem Namen eldmessa (»Feuermesse«) bekannt.

Der westliche Lavastrom aus Lakagígar, Eldhraun (»Feuerlava«), breitete sich zwischen den Gletscherflüssen Skaftá und Eldvatn aus. Ein dicker Moosteppich bedeckt die Lava und verleiht ihr ein magisches Bild. Wir überqueren bei Hunkubakki den Gletscherfluss Skaftá, um einen Abstecher zur Vulkanspalte zu machen. Der Fluss Fjarðá hat eine bis zu 100 Meter tiefe, in Bogen verlaufende Schlucht, Fjarðárgljúfur, in das weiche Tuffgestein gegraben. Kurz vor der Schlucht zweigt die Piste nach Laki ab. Im Sommer verkehrt täglich ein geländegängiger Bus von Skaftafell und Kirkjubæjarklaustur nach Laki. Markierte Wanderpfade führen durch die grandiose Vulkanlandschaft.

Weiter nördlich verläuft eine weitere Eruptionsspalte, Eldgjá (»Feuerschlucht«), durch den Gletscherfluss Skaftá von Lakagígar getrennt. Der Spaltenvulkan war kurz nach der Besiedlung des Landes ausgebrochen, die Eruption währte mehrere Jahre. Um nach Eldgjá zu gelangen, müssen wir jedoch erst zur Ringstraße zurückkehren. Beim Gletscherfluss Eldvatn folgen wir der Bergstraße nach Landmannalaugar. Kurz nach Hólaskjól führt eine Abzweigung in die Vulkanschlucht. Hier lassen wir den Wagen stehen, durchwaten den Fluss Nyrðri-Ófæra und folgen ihm bis zum Wasserfall Ófærufoss. Eine längere Wanderung führt zum Gipfel Gjátindur (943 m).

Eine weitere Bergstraße zweigt nördlich von Eldgjá zum 20 Kilometer langen und zwei Kilometer breiten See Langisjór (»Langes Meer«) ab. Wer Zeit und die notwendige Ausrüstung hat, kann den See umrunden und dabei zahlreiche kleine Bergseen entdecken, die versteckt zwischen den hohen Bergen liegen.

»Zahlreiche Feuersäulen brannten in der Spalte, und aus der Aschen- und Dampfwolke fiel in großen Tropfen eine Mischung aus salzhaltigem und nach Schwefel riechendem Wasser, das in den Augen brannte und die Handrücken versengte.«

Jón Steingrímsson, Eldritið

Die Felszinnen Reynisdrangar
bei Vík í Mýrdal

»Das Trollweib watete dem Schiff nach, aber konnte es **nicht erreichen**. Da verfluchte es das Schiff samt Besatzung und alle **wurden zu Stein**, Schiff und Troll.«

Reynisdrangar, aus einer Volkssage

Südküste

SCHWARZE STRÄNDE UND STEILE VOGELKLIPPEN

INSELN UND STRÄNDE

Unter dem Gletscher Mýrdalsjökull schlummert Katla, einer der gefürchtetsten Vulkane des Landes. Seit der Besiedlung des Landes sind 16 Eruptionen dokumentiert, aber wahrscheinlich brach er noch viel öfter aus. Die letzte Eruption fand 1918 statt. Die Katla-Caldera liegt unter einer 400 bis 700 Meter mächtigen Eiskappe. Das Zusammentreffen von Eis und Magma resultiert in einer explosiven Eruption mit starken Aschenniederschlägen und verheerenden Gletscherläufen. Die Flutwelle von 1918 führte so viel vulkanische Asche und Ablagerungen mit, dass sich der Mýrdalssandur weit voranschob und Dyrhólaey als südlichsten Punkt des Landes ablöste. Der Katla-Geopark wurde 2010 gegründet und unterhält in Vík ein Informationszentrum.

Die Sanderfläche Mýrdalssandur bedeckt rund 700 Quadratkilometer, begrenzt durch die Gletscherflüsse Kúðafljót und Múlakvísl. Sandstürme haben den Gletscherrand schwarz gefärbt. Bei Laufskálavarða ist es Tradition, einen Steinmann als Glücksbringer für die Überquerung des Sanders aufzuschichten. Hier darf jeder seinen eigenen

Schwerelos

Von Wind und Wasser geformtes Tuffgestein gibt es bei Dyrhólaós. Ein Papageitaucher setzt von den Klippen bei Dyrhólaey zum Flug an. Dieser Blick von Dyrhólaey eröffnet sich über den schwarzen Sandstrand an der Südküste. Im Hintergrund erhebt sich der vergletscherte Vulkan Eyjafjallajökull.

Steinmann errichten, anderenorts gilt dies als Unsitte und sollte unterlassen werden. Hjörleifshöfði erhebt sich wie eine Insel aus dem Sander. Die Felsinsel ist nach Hjörleifur Hróðmarsson benannt, der mit seinem Ziehbruder Ingólfur Arnarson 874 nach Island kam und sich hier niederließ. Der Überlieferung nach wurde er von seinen irischen Sklaven getötet, die daraufhin nach Vestmannaeyjar (»Westmännerinseln«) flohen, wo sie von Ingólfur gefunden und getötet wurden. Der Aufstieg erfolgt von der Südwestseite und wird durch eine gute Aussicht über die Sanderfläche und zum Gletscher belohnt.

Die Ortschaft Vík í Mýrdal liegt am Fuße des Berges Reynisfjall. Unermüdlich branden die atlantischen Wogen an den schwarzen Sandstrand. Westlich von Reynisfjall führt eine Abzweigung nach Reynishverfi und zum verlassenen Bauernhof Garðar. Vom Parkplatz sind es nur wenige Meter bis zum Strand. Die Brandung hat Höhlen in das harte Basaltgestein geschliffen. In die grasbewachsenen Hänge und Terrassen haben Papageitaucher ihre Nisthöhlen gegraben. Vor der Küste erheben sich die Felsnadeln Reynisdrangar, der Sage nach ein versteinerter Dreimaster und ein Trollweib, das versuchte, das Schiff zu erreichen. Vorsicht am Strand: Die starke Brandung ist unberechenbar, und gegen die starke Unterströmung kommen auch gute Schwimmer nicht wieder an Land.

Dyrhólaey (»Türlochinsel«) verdankt seinen Namen einem großen Felsentor. In den Klippen brüten zahlreiche Seevögel. Vom Leuchtturm kann man am Klippenrand entlangwandern und auf das Felsentor gehen. Doch soll man guten Abstand vom Rand halten, da das Gestein locker ist

Verwüstet

Der Vulkan Eldfell auf der Insel Heimaey brach am 23. Januar 1973 aus und verwüstete einen Großteil der Ortschaft mit Asche und Lava. Ein Regenbogen steht in der Gischtwand am Wasserfall Skógafoss. Der Sage nach soll Þrasi, der erste Siedler in Skógar, eine Kiste mit seinen Schätzen unter dem Wasserfall versenkt haben.

und immer wieder Teile der Felswand abbrechen. Während der Brutzeit ist der Zugang zu den Vogelklippen limitiert. An der flachen Ostseite des Kaps, Lágey, befand sich früher ein Hafen für Kleinboote, die über eine Drahtseilbahn an Land gezogen wurden.

Die Gletscherzunge Sólheimajökull erstreckt sich von der Eiskappe des Mýrdalsjökull bis hinunter auf die Sanderfläche. Im Sommer werden Touren auf der Gletscherzunge angeboten. Unter dem Eis entspringt der Gletscherfluss Jökulsá, auch Fúlilækur (»Stinkender Bach«) genannt, da er schwefelhaltige Stoffe aus dem subglazialen Vulkan Katla mitführt.

Zahllose Wasserfälle stürzen die steilen Klippen der Eyjafjöll hinunter ins Tiefland. Skógafoss und Seljalandsfoss sind beliebte Touristenattraktionen. Am Wasserfall Skógafoss beginnt ein beliebter Wanderweg über den Bergpass Fimmvörðuháls zwischen den Gletschern Eyjafjallajökull und Mýrdalsjökull.

Vor der Küste liegt die Inselgruppe der Vestmannaeyjar. Nur die größte Insel, Heimaey, ist bewohnt. Hier befindet sich einer der besten Fischereihäfen des Landes. Auf den kleineren Inseln werden nach alter Tradition Papageitaucher gefangen und Seevogeleier gesammelt. Die Inselbewohner achten darauf, die Vogelpopulationen nicht zu gefährden. Im Herbst, wenn die jungen, noch nicht gänzlich flugfähigen Papageitaucher vom Licht der Häuser angelockt werden und ermüdet in der Ortschaft landen, werden sie von den Kindern in Pappkartons eingesammelt und zum Meer gebracht.

Die Insel Surtsey wurde in einer submarinen Eruption 1963 bis 1967 geboren. Auch die Hauptinsel Heimaey wurde 1973 von einer Vulkaneruption erschüttert und ein großer Teil des Ortes unter Asche und Lava begraben. Mehrere Häuser wurden inzwischen ausgegraben und können als Teil der Ausstellung »Pompeji des Nordens« besichtigt werden.

»Solange Wogen an die Strände schäumen und
Vögel sich sonnen am Klippenrand,
werd ich zu meinen Inseln reisen, edler Jugend Heimatland.«

Ási í Bæ, Heimaslóð

Lichtspiegelung an einer Flussmündung
am Landeyjasandur

Wege zum GLÜCK

FIMMVÖRÐUHÁLS – VULKAN AUF DEM BERGPASS

Ein beliebter Wanderpfad führt über den Bergpass Fimmvörðuháls zwischen den Gletschern Mýrdalsjökull und Eyjafjallajökull ins Tal Þórsmörk. Startpunkt ist der Wasserfall Skógafoss. Wir steigen die Stufen hoch zum oberen Aussichtspunkt, überwinden über eine Holztreppe den Schafzaun und folgen dem Ostufer des Flusses Skógá, vorbei an malerischen Wasserfällen. Nach neun Kilometern überqueren wir den Fluss über eine Fußbrücke. Von hier sind es noch etwa sieben Kilometer bis zur Hütte des Wandervereins Útivist. Auf dem Bergpass öffnete sich am 20. März 2010 eine Vulkanspalte, und drei Wochen lang floss Lava aus zwei neuen Kratern, Magni und Móði. Kurz darauf brach der Vulkan unter dem Gletscher Eyjafjallajökull aus. Die Aschewolke beeinträchtigte den Flugverkehr in Nord- und Mitteleuropa. Der Pfad führt am Fuß des Kraters Magni entlang. Wir machen einen Abstecher auf den Vulkangipfel, wo immer noch heiße Dämpfe aus dem Boden steigen. Von hier geht es den steilen Heljakambur hinunter. Nach insgesamt 26 Kilometern erreichen wir das Tal Þórsmörk, von dem eine dreitägige Wanderung weiter nach Landmannalaugar im Zentralhochland führt.

Ungezähmt

Der rekonstruierte Wikingerhof Þjóðveldisbær liegt am Fuße des Berges Búrfell. Þjórsá ist der längste Gletscherfluss des Landes. Fünf Kraftwerke nutzen die Wasserkraft des Flusses. Hier am Wasserfall Urriðafoss ist ein weiteres Kraftwerk geplant. Im Thermalgebiet bei Geysir war gerade der Strokkur ausgebrochen.

Gullfoss und Geysir

VULKANE, GEYSIRE UND WASSERFÄLLE

ORTE ZUM TRÄUMEN

Der Vulkan Hekla ist seit der Besiedlung des Landes im Durchschnitt alle 25 Jahre ausgebrochen, Ende des 20. Jahrhunderts war er mit vier Eruptionen in nur 30 Jahren besonders aktiv. Im Mittelalter galt Hekla als Eingang zur Hölle. Eruptionen kommen hier explosionsartig und ohne längere Vorwarnung, stärkere Erdbeben sind erst Minuten vor dem Ausbruch zu verzeichnen. Eine Eruptionsspalte öffnet sich, und eine Wolke aus Dampf, Asche und vulkanischem Gestein steigt viele Kilometer hoch in die Atmosphäre. Später konzentriert sich die Eruption auf kleinere Krater entlang der Spalte, und Lava strömt aus.

Einst sind ganze Landstriche durch Ausbrüche von Hekla vernichtet worden. Bei der Eruption 1104 wurde das Tal Þjórsárdalur durch Asche und Bims verödet. Die Ruinen des Hofes Stöng konnten 1939 aus der Asche ausgegraben werden und gelten heute als ein gutes Beispiel für einen Hof aus der Wikingerzeit. Þjóðveldisbærinn, eine Rekonstruktion des Hofes, wurde 1974 anlässlich des 1100-jährigen Jubiläums der Besiedlung des Landes am Berg Búrfell

errichtet. In der unmittelbaren Nähe von Stöng befindet sich die malerische Schlucht Gjáin, eine Oase in der Aschen- und Bimssteinwüste und ein Ort zum Träumen. Der kleine Fluss Rauðará stürzt hier am Wasserfall Gjárfoss in die von Basaltsäulen gesäumte Schlucht.

Háifoss ist mit 122 Metern der vierthöchste Wasserfall Islands. Hier stürzt der Fluss Fossá eine steile Wand aus Tuff- und Basaltschichten hinunter. Vom historischen Hof Stöng kann man dem Flusstal bis zum Wasserfall folgen. Das Tal Fossárdalur ist von zahllosen Sandhügeln bedeckt, unter denen Pseudokrater versteckt liegen. Diese kraterähnlichen Hügel entstanden, als Lava über Feuchtland floss. Wer wenig Zeit hat, kann mit dem Auto kurz vor dem Wasserkraftwerk Sultartangavirkjun die Abzweigung nach Hólaskógur nehmen und zum Parkplatz am oberen Klippenrand fahren.

Zwischen den Gletscherflüssen Þjórsá und Hvítá liegen die Gemeinden Skeið und Hreppar. Wir folgen dem Gletscherfluss Hvítá flussaufwärts. Bei Gullfoss stürzt der Fluss in zwei Kaskaden, 12 und 20 Meter hoch, in eine Schlucht. Wir befinden uns auf dem »Golden Circle« mit den größten Besucherattraktionen des Landes. Am unteren Parkplatz steht ein Denkmal zu Ehren der Bauerstochter Sigríður Tómasdóttir von Brattholt. Zusammen mit ihrem Vater hatte sie gegen die Errichtung eines Wasserkraftwerks gefochten, dem auch der Wasserfall zum Opfer gefallen wäre.

Nur zehn Kilometer südlich von Gullfoss befindet sich das Geothermalgebiet von Geysir. Stóri Geysir (»Großer Geysir«) war die bekannteste Springquelle im Mittelalter und gab diesem Phänomen seinen Namen. Nach einem Erdbeben im Jahr 2000 wurde der Große Geysir mehrmals täglich aktiv und konnte eine Höhe von über 100 Metern erreichen, doch inzwischen haben die Aktivitäten wieder nachgelassen. Die Springquelle Strokkur hat seine Rolle als Touristenattraktion übernommen: Sie bricht alle fünf bis zehn Minuten aus, wobei die Wassersäule eine Höhe von bis zu 35 Metern erreicht. Sehenswert ist auch die

»Meine Liebe zu dir ist wie Hekla, an der Oberfläche scheint sie abgekühlt und ausgebrannt.«

Andri Snær Magnússon, Hekla

Thermalquelle Blesi, die aus zwei Becken mit milchigblauem beziehungsweise glasklarem Wasser besteht. Im blauen Becken kann das Wasser abkühlen und Molekularketten aus Silikaten bilden, die das blaue Licht reflektieren.

Von Geysir kann man über Laugavatn nach Þingvellir oder über Selfoss und Hveragerði nach Reykjavík fahren. Auf der Strecke nach Laugarvatn überqueren wir den Quellfluss Brúará (»Brückenfluss«), der in der imposanten Schlucht Brúarárskörð entspringt. Früher soll über den Fluss ein Steinbogen geführt haben, der aber vom Gutsverwalter von Skálholt zerstört wurde, um den Strom der Hungernden zum Bischofssitz in Skálholt zu unterbinden. Skálholt war von 1056 bis 1796 Sitz der isländischen Bischöfe und kulturelles Zentrum des Landes. An der Priesterschule wurde die erste isländische Übersetzung des Neuen Testaments gedruckt. Bei den Grabungen für die heutige Kirche wurde der Sarkophag des Bischofs Páll Jónsson aus dem 12. Jahrhundert gefunden. Der Steinsarg ist in der Krypta ausgestellt.

Die Siedlung Laugarvatn am gleichnamigen See hat sich erst in den letzten Jahrzehnten um ein Schulzentrum gebildet. Im Jahre 1928 wurde die Bezirksschule gebaut. Das markante Gebäude mit seinen sieben Giebeln wurde von dem isländischen Architekten Guðjón Samúelsson entworfen und dient heute im Sommer als Hotel. Später kamen die Sporthochschule und das Gymnasium hinzu. Am Ufer des Sees entspringen warme Quellen, deren Wasser in den See abfließt und ihn erwärmen. Nicht zu Unrecht bedeutet Laugarvatn »Badesee«. In der warmen Quelle Vigðarlaug (»Weihquelle«) fanden nach Annahme des Christentums im Jahre 1000 Taufen statt.

Überraschend

Der Vulkan Hekla ist in der Geschichte des Landes mindestens achtzehnmal ausgebrochen. Die letzte Eruption hat im Jahre 2000 stattgefunden. Eruptionen erfolgen explosionsartig und sind nicht vorauszusagen. Der Wasserfall Háifoss liegt versteckt am Ende des Flusstales von Fossá.

Selfoss ist das Zentrum der Agrarregion. Der Ort entwickelte sich nach dem Bau der ersten Brücke über den Gletscherfluss Ölfusá im Jahr 1891. Oberhalb der Brücke haben zwei Felsen den Gletscherfluten widerstanden, Jóruhlaup genannt. Der Sage nach soll ein Troll die Felsen in den Fluss geworfen haben, um trockenen Fußes über den Gletscherstrom zu kommen. Der Berg Ingólfsfjall ist nach dem ersten Siedler Islands, Ingólfur Arnarson, benannt, der hier auf der Suche nach den Holzsäulen seines Hochsitzes den zweiten Winter auf Island verbracht haben soll. Die Ortschaft Hveragerði ist gar erst Anfang des 20. Jahrhunderts entstanden. Der Ort liegt in einem Hochtemperaturgebiet am Fuße des Zentralvulkans Hengill. Die Thermalquellen heizen Gewächshäuser, in denen Gemüse und Blumen gezogen werden. In Hveragerði befindet sich die Staatliche Gartenschule, eine Abteilung der Agrarhochschule Islands. In der Schlucht Klambragil im Tal Reykjadalur sammelt sich Thermalwasser zu einen warmen Fluss, in dem man baden kann. Vom Ortsrand von Hveragerði geht man etwa 45 Minuten bis zu den heißen Quellen.

Behaglich

Eine Reitergruppe passiert heiße Quellen im Tal Reykjadalur. Ein altes Fischerboot gibt es im Heimatmuseum in Skógar zu sehen. Einen Torfhof und eine Holzkirche hat Keldur zu bieten. Das Gespensterzentrum in Stokkseyri macht neugierig. Pubstimmung erfüllt Haukadalur am Abend. Das Fontana Wellnessbad und Spa befindet sich in Laugarvatn. Das Dampfbad wurde direkt über den heißen Quellen gebaut. Das Wasser im Fluss Reykjadalsá hat eine Temperatur von ungefähr 35 °C.

»Selbst wenn kühle heißer Quell, hülle Täler blankes Eis,
Steine sprechen und was auch immer, dich vergessen werd' ich nimmer.«

Vatnsenda-Rósa (Rósa Guðmundsdóttir), Lausavísur

Der Wasserfall Gullfoss

»Ich verkaufe nicht
meinen Freund.«
Der Bauer Tómas Einarsson von Brattholt zum Angebot,
den Wasserfall Gullfoss als Kraftwerk zu nutzen.

Grenzenlose WEITE erleben

HOCHLAND

Kjalvegur

AUF DEN SPUREN DER VOGELFREIEN

STEINWÜSTE UND THERMALQUELLEN

Die Hochlandstraße Kjalvegur beginnt nördlich von Gullfoss und führt über die Hochebene Kjölur zwischen den Gletschern Langjökull und Hofsjökull ins Tal Blöndudalur in Nordisland. Inzwischen sind alle Flüsse auf der Strecke überbrückt, trotzdem ist die Straße nur für einen kurzen Zeitraum im Sommer befahrbar. Am besten informiert man sich zuvor beim Isländischen Straßenbauamt. Der ursprüngliche Reitpfad verläuft westlich der heutigen Hochlandstraße.

Schon kurz hinter der Abzweigung nach Hagavatn hört der Asphaltbelag auf, und der Rest der insgesamt 160 Kilometer langen Hochlandstraße ist Schotterpiste. Besonders Ende des Sommers sind die »Waschbretter« – quer verlaufende Bodenwellen, die das Auto einem Schütteltest aussetzen – gefürchtet. Die Schotterstraße verläuft westlich des Berges Bláfell. Wer Zeit hat und auf seine Beine vertraut, kann zu Fuß den Reitpfad entlang dem Gletscherfluss Hvítá

Kontrastreich

Das bunte Rhyolithgestein in den Kerlingarfjöll bildet einen starken Kontrast zu der sonst grauen Steinwüste auf der Hochlandpiste Kjalvegur. Ein warmes Bad bei Hveravellir mitten im Zentralhochland ist ein Hochgenuss! Hier hatte der Vogelfreie Fjalla-Eyvindur einen Winter verbracht. Stängelloses Leimkraut (»Silene acaulis«) ist eine sensible Vegetation auf dem kargen Boden.

in Angriff nehmen. Er beginnt bei der Hütte Fremstaver am Südende von Bláfell. Vielerorts hat der Gletscherfluss tiefe Schluchten und bizarre Felsskulpturen in das weiche Tuffgestein gegraben. Im Gegensatz zur Sand- und Steinwüste westlich von Bláfell gedeiht hier eine üppige Vegetation. Der Reitpfad ist nicht markiert, doch die Strecke zwischen Berg und Gletscherfluss ist deutlich abgegrenzt. Für die etwa 25 Kilometer sollte man einen bis zwei Tage veranschlagen. Bei der Brücke über den Gletscherfluss Hvítá nördlich von Bláfell trifft man wieder auf die Hochlandstraße.

Kurz hinter der Brücke führt eine Abzweigung zur Hütte bei Hvítárnes, wo der Gletscherfluss Fúlakvísl in den See Hvítárvatn mündet. Auf der Nordseite kalbt die Gletscherzunge Norðurjökull in den See. Die kleine Bucht Karlsdráttur am Fuße des Gletschers ist eine Vegetationsoase. Im Herbst laben sich hier Singschwäne und Graugänse an den Heidelbeeren. Um dorthin zu gelangen, muss man den Gletscherfluss Fúlakvísl und den Bergbach Fróðá durchwaten.

Von Hvítárnes führt eine dreitägige Wanderung auf dem ursprünglichen Reitweg Kjalvegur nach Hveravellir. Der Pfad ist markiert, und der Isländische Wanderverein unterhält neben der Hütte in Hvítárnes zwei weitere entlang der Strecke, in Þverbrekknamúli und Þjófadalir. In Hveravellir gibt es ein Servicezentrum mit bewirtschafteten Hütten und Zeltplatz. Hier halten auch die Hochlandbusse, die im Sommer planmäßig das Hochland überqueren. Hveravellir ist ein Geothermalgebiet mit Fumarolen, Solfataren und Heißwasserquellen. In einem Thermalbecken kann man unter freiem Himmel baden. Der Vogelfreie Fjalla-Eyvindur (1714–1783), der wegen Diebstahls verurteilt wurde und

Fantasievoll

Eine eisenhaltige Thermalquelle bei Hveravellir hat ihr Becken rot gefärbt. Deutlich kann man Schwefelablagerungen an der Solfatare Öskurhver bei Hveravellir erkennen.

ins Hochland fliehen konnte, verbrachte in Hveravellir einen Winter. Als Unterkunft diente ihm eine Lavaspalte, die er mit Lava abdeckte, und seine Nahrung kochte er in einer heißen Quelle am Fuß der Lava. Doch die eisigen Winterstürme vertrieben ihn bald von der ungeschützten Hochebene.

Auf halber Strecke von der Brücke über den Gletscherfluss Hvítá nach Hveravellir zweigt eine Jeeppiste zum Gebirgsmassiv Kerlingarfjöll ab. Beim Wasserfall Gýgjarfoss ist ein kleiner Nebenfluss zu durchfurten. In Ásgarður befinden sich eine bewirtschaftete Hütte, ein Zeltplatz und ein Thermalbad. Kerlingarfjöll ist ein Zentralvulkan aus Rhyolith mit kleinen Hanggletschern und Thermalfeldern. Markierte Pfade führen hier durch eine kontrastreiche, farbenprächtige Berglandschaft mit rauchenden Fumarolen und brodelnden Schlammquellen. Der Kontrast von buntem Rhyolith sowie Schnee und Eis verleiht der Landschaft ein magisches Flair. Doch Vorsicht bei den Thermen: Unter der dünnen Erdkruste brodeln kochend heißes Wasser und Schlamm.

Eine weitere Piste führt nördlich am Fuß der Kerlingarfjöll entlang zur Berghütte Setrið. Von hier führt ein Reitpfad am Fuße des Gletschers Hofsjökull nach Norden. Kurz vor Fjórðungsalda, mit 672 Meter der höchste Punkt auf der Hochlandstraße, weist ein Schild nach Beinahóll (»Knochenhügel«) westlich der Straße. Hier wurde im Herbst 1780 eine Reitergruppe von Reynistaður, die Schafe über das Hochland trieb, vom früh einbrechenden Winter überrascht. Die toten Reiter, Pferde und Schafe wurden im nächsten Frühjahr am Fuß des Hügels gefunden. Die Hochweide Gránunes an den Quellen des Bergbaches Svartá ist nach der Stute Grána benannt, die als Einzige das Unglück damals überlebt hatte. Dieses Unglück sowie die Angst vor Vogelfreien führten dazu, dass Hochlandüberquerungen seltener wurden. Erst Ende des 19. Jahrhunderts wurde die Route erneut erkundet und markiert.

»Ich habe keinen so schlimmen Feind, dass ich ihn in das westliche Hochland schicken würde, doch in das östliche Hochland würde ich meinen Freund schicken.«

Fjalla-Eyvindur, Volkssage

Wege zum GLÜCK

ÞJÓRSÁRVER – PERMAFROST UND VEGETATIONSOASE

Am Fuß des Gletschers Hofsjökull gedeiht in über 600 Meter Höhe eine erstaunliche Vegetation, obwohl der Boden ab einer gewissen Tiefe das ganze Jahr über gefroren ist. Typisch für den Permafrostboden sind Palsas, niedrige ovale Bodenerhebungen mit einem Eiskern und einer spärlich bewachsenen Erdschicht. Wenn der Eiskern schmilzt, sackt die Bülte ein, und es bleibt ein kleiner Tümpel zurück. Als »Trollbrot« werden Rhyolithsteine bezeichnet, die der Frost zu dünnen Scheiben – eben wie versteinerte Brotscheiben – zersprengt hat. Nördlich von Kerlingarfjöll führt eine Jeeppiste zur Hütte des Isländischen 4x4-Klubs, Setrið. Von hier geht es zu Fuß oder auf Pferden weiter. Gletscherbäche und -flüsse müssen durchfurtet werden, die bei Schneeschmelze oder starkem Regen zu reißenden Strömen werden. Im üppigen Feuchtland unter dem Endmoränenwall des Múlajökull hat die Kurzschnabelgans ihr größtes Brutgebiet (Zutritt vom 1. Mai bis zum 10. Juni verboten). Die Region steht unter Naturschutz und wurde 1990 als wichtiges Feuchtlandgebiet in die Ramsar-Konvention aufgenommen.

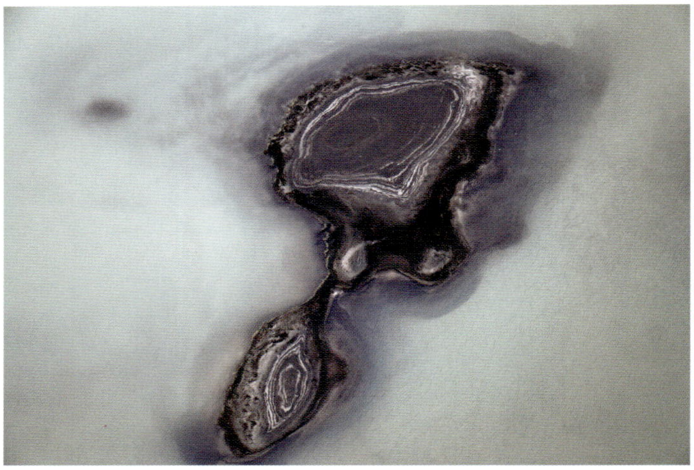

Sprengisandur und Ódáðahraun

RITT ÜBER DIE MISSETÄTER-WÜSTE

SAND- UND LAVAWÜSTE

Der Gletscherfluss Þjórsá ist mit 230 Kilometern der längste Fluss des Landes. Die Furten über den mächtigen Strom waren früher für Reiter und Pferd gefährlich. Heute ist er an zwei Stellen überbrückt, an der Ringstraße oberhalb des Wasserfalls Urriðafoss und beim Wasserkraftwerk Sultartangi am Rand des Hochlands. Bei Búrfell, Hrauneyjar, Sigalda und Vatnsfell befinden sich weitere Kraftwerke, große Teile des Hochlands wurden für Stauseen unter Wasser gesetzt. Ein Geothermalgebiet wurde vom Stausee Hágöngulón überflutet. Der alte Reitpfad über das Hochland Sprengisandur führte am Westufer des Gletscherflusses Þjórsá entlang und über eine Furt bei Sóleyjarhöfði. Die heutige Hochlandstraße beginnt am Hochlandzentrum bei Hrauneyjar. Bis zum Wasserkraftwerk Vatnsfellsstöð ist die Straße noch asphaltiert, dann geht es weiter auf einer Jeeppiste am Westufer des Stausees Þórisvatn entlang.

Abstrakt

Sedimente im Gletscherfluss Jökulsá á Fjöllum: Die Natur ist ein abstrakter Künstler. Hier hat sie bei Askja Linien in Schnee und Fels gezogen. Der Blick über die hellen Rhyolithhänge in Vonarskarð ist typisch für Island.

Nördlich von Hrauneyjar hat der Gletscherfluss Þjórsá eine Schlucht mit drei Wasserfällen gegraben. Südlich des Hochlandzentrums ist der Fluss Tungnaá überbrückt, von hier führt eine schlecht markierte Piste über den Bergrücken Búðarháls bis nahe an die Schlucht. Am besten lässt man den Wagen oben auf dem Bergrücken stehen und geht zu Fuß weiter zu den Wasserfällen.

Sprengisandur ist eine schier endlose Sand- und Kieswüste. Nur im ufernahen Feuchtland, im Isländischen »ver« genannt, blühen im Sommer Rosenwurz und Alpenhelm zwischen Riedgräsern und niedrigen Weidenbüschen. Die Flussauen sind Brutbiotop von Singschwan, Graugans und Kurzschnabelgans. In ausgetrockneten Bachbetten, wo der Schnee bis spät in den Sommer liegen bleibt, verwandeln in der Blütezeit Arktische Weideröschen die schwarze Sandwüste in ein purpurrotes Blumenmeer. Bei Kistualda führt ein Abzweig nach Westen in das Feuchtland Eyvindarkofaver. Hier steht die Ruine einer Hütte des Vogelfreien Fjalla-Eyvindur, der im 18. Jahrhundert an verschiedenen Plätzen im Hochland Unterschlupf fand. Eine Jeeppiste folgt von hier dem alten Reitpfad nach Fjórðungsvatn.

In Nýidalur unterhält der Isländische Wanderverein zwei Berghütten am Fuß des Gletschers Tungnafellsjökull. Nördlich davon müssen wir zwei Seitenarme des Gletscherflusses Fjórðungskvísl durchfurten, die Anfang des Sommers und bei starken Regenfällen zu reißenden Strömen werden. Die Hüttenwirte in Nýidalur können über die Bedingungen Auskunft geben. Nördlich von Nýidalur zweigt eine Jeeppiste nach Osten ab und führt über den Gletscherfluss Skjálfandafljót nach Trölladyngja und Askja. Eine Variante, Gæsavatnaleið, folgt dem Gletscherrand des Dyngjujökull und ist nur für wirklich geländegängige Fahrzeuge geeignet. Bei Sandstürmen oder starken Regenfällen ist die Strecke gefährlich. Zudem muss die neue Lava Holuhraun, die zwischen Dyngjujökull und Dyngjufjöll geflossen ist, umfahren werden.

»Sprengen, sprengen, reiten über Sände, Schatten legt sich über Herðubreið.
Edle Elfen zäumen ihre Pferde, ungern möcht ich kreuzen ihren Weg.
Gerne gäb ich meinen besten Traber, käm ich gut hinab nach Kiðagil.«

Auf dem Sprengisandur, Volkslied (Text von Grímur Thomsen, Musik von Sigvaldi Kaldalóns)

Die Caldera Askja ist eine schwarze Lavawüste, umrahmt von steilen Berghängen. Hier fanden die amerikanischen Astronauten in den 1960er-Jahren ein ideales Gelände, um für die Mondlandung zu trainieren. Der Calderensee Öskjuvatn bildete sich bei einer Vulkaneruption 1875. Der deutsche Forscher Walther von Knebel und sein Begleiter Max Rudloff verschwanden 1907 spurlos bei Forschungsarbeiten auf dem See. Vielleicht fielen sie einem Bergrutsch wie im Sommer 2014 zum Opfer, als 30 bis 50 Millionen Kubikmeter Gestein in den See abrutschten und eine bis zu 30 Meter hohe Flutwelle verursachten. Zum Glück hatten sich keine Wanderer in der Nähe des Sees aufgehalten. Bei der Eruption 1875 entstand auch der Krater Víti (»Hölle«), in dessen warmem Kratersee man baden kann.

Die Lavawüste Ódáðahraun (»Missetäterlava«) dehnt sich zwischen den Gletscherflüssen Skjálfandafljót und Jökulsá á Fjöllum aus. Die Region war bis Ende des 18. Jahrhunderts so gut wie unerforscht. Der Dichter Grímur Thomsen (1820–1896) hat in seinem Gedicht »Auf dem Sprengisandur« den schwierigen Ritt über die Sand- und Lavawüste verewigt. Am Rande der Lava bei Herðubreiðarlindir verbrachte der Vogelfreie Fjalla-Eyvindur nach seiner Flucht einen Winter. Die Ruine seiner Hütte befindet sich in einer Lavaspalte nur wenige Schritte von der Berghütte des Isländischen Wandervereins entfernt, wo Quellwasser unter der Lava entspringt. Über der Lavawüste thront der 1682 Meter hohe Tafelvulkan Herðubreið, die »Königin der isländischen Berge«. Der Aufstieg ist nicht ungefährlich und nur an einer Stelle von der Westseite möglich.

Meisterhaft

Das Wasser im Explosionskrater Víti ist angenehm warm, ganz im Gegensatz zum kalten Wasser des Calderensees Öskjuvatn. Der Gletscherfluss Tungnaá breitet sich in zahllosen Armen auf dem Schwemmland bei Jökulheimar aus.

Wege zum GLÜCK

HOLUHRAUN – DER LAVA ENTSPRINGT EIN WARMER FLUSS

Tagelang hatte es schon unter der Eiskappe des Vatnajökull gebebt. Alle Anzeichen deuteten auf eine Eruption unter dem Gletscher hin. Bei subglazialen Eruptionen werden Asche und Lockerstoffe freigesetzt, die nicht nur wie 2010 beim Ausbruch des Eyjafjallajökull den Flugverkehr beeinträchtigen, sondern auch zu einer klimatischen Abkühlung führen können. Am 29. August 2014 öffnete sich eine Spalte am Rand der Gletscherzunge, zwei Tage später floss ein breiter Lavastrom aus einer 1,5 Kilometer langen Vulkanspalte nahe Dyngjufjöll. Die Eruption hielt bis Ende Februar 2015 an, und neue Lava bedeckte insgesamt 85 Quadratkilometer. Zum Glück war der Vulkan nicht unter dem Gletscher ausgebrochen, doch bei der Eruption wurden Gase freigesetzt, die sich als bläulicher Dunst über das Land legten und die Sonne blutrot färbten. Selbst in Irland und auf dem europäischen Kontinent wurde ein gefährlich hoher Anteil an Schwefeldioxid gemessen.

Um zur neuen Lava zu gelangen, folgt man von Drekagil aus der alten Jeeppiste Gæsavatnaleið zur Gletscherzunge des Dyngjujökull. Auf der Ostseite sprudelt aus der neuen Lava ein warmer Fluss, der zu einem außergewöhnlichen Bad einlädt.

Grüne Hänge und graues Gletscherwasser bei Veiðivötn

Gut gerüstet und INFORMIERT

REISEEMPFEHLUNGEN

AUTHENTISCH UND STILVOLL

Hier finden Sie empfehlenswerte Übernachtungsmöglichkeiten, Restaurants, Pubs und traditionelle Feste und Events, auf denen Sie schnell mit den Einheimischen und anderen Besuchern in Kontakt kommen. Die Auswahl stellt natürlich nur einen begrenzten Teil des umfangreichen Veranstaltungsangebotes dar. Aber alle hier genannten Orte haben gemeinsam, dass sie einen speziellen Charme besitzen, ob Jugendherberge oder luxuriöses Hotel, Gourmet Restaurant oder Würstchenbude. Doch nichts ist ewig. Besitzer wechseln, Hotels und Restaurants schließen und neue werden eröffnet. Deshalb finden Sie am Anfang für jede Region die Webseite der Touristeninformation mit den neuesten Informationen über Übernachtungsmöglichkeiten, Restaurants und Freizeitangebote. Doch wir können Ihnen versprechen, dass eines Sie niemals enttäuschen wird: die isländische Natur.

ÜBERNACHTUNG / ESSEN UND TRINKEN / FESTE

Reykjavík

Visit Reykjavík ist die offizielle Touristeninformation für den Großraum der Hauptstadt Reykjavík. Hier sind die neuesten Informationen zu Hotels und Pensionen, Restaurants, Events u.v.a.m. zu finden. www.visitreykjavik.is

Reykjavík Loft Hostel. Eine preisgekrönte Jugendherberge mit Schlafsälen für 4-8 Personen und Doppelzimmern zentral in der Innenstadt von Reykjavík gelegen. Café und Bar im Dachgeschoss mit großartigem Ausblick über Hafen und Innenstadt. Bankastræti 7, 101 Reykjavik, Tel. (+354) 553 8140. www.hostel.is/Hostels/Reykjavikloft/

KEX Hostel. Die Jugendherberge in der alten Keksfabrik ist mehr als nur ein Quartier zum Übernachten. Bar, Café, Leseraum usw. sind gemütlich mit recycelten Möbeln ausgestattet. Regelmäßig werden Konzerte mit neuen und bekannten isländischen Bands gegeben. Skúlagata 28, 101 Reykjavík, Tel. (+354) 561 6060. www.kexhostel.is

Reykjavík Marina. Das Icelandair Hotel befindet sich direkt neben der Werft im alten Hafen von Reykjavík. In der Slippbar trifft man sich nach getaner Arbeit zur Happy Hour. Der Blick zum Hafen und dem Werftbetrieb gibt dem Hotel einen besonderen Touch. Mýrargata 2, 101 Reykjavík, Tel. (+354) 560 8000. www.icelandairhotels.com

Fiskmarkaðurinn. Toprestaurant mit ständig neuen Fischgerichten. Die Chefin Hrefna Rósa Sætran hat mit der isländischen Kochnationalmannschaft erfolgreich an mehreren internationalen Wettbewerben teilgenommen. Aðalstræti 12, 101 Reykjavík, Tel. (+354) 578 8877. www.fiskmarkadurinn.is

Sægreifinn. Die Hummersuppe in dem kleinen Restaurant am Hafen ist eine Delikatesse. Der Gründer des Restaurants, der Seemann Kjartan Halldórsson, ist zu einer Legende geworden und seine Walfleischspieße sind unwiderstehlich. Geirsgata 8, 101 Reykjavík, Tel. (+354) 553 1500. www.saegreifinn.is

Bæjarins Beztu. Die besten Hot dogs in Island. Nach Arbeitsschluss bildet sich eine Warteschlange vor der kleinen Würstchenbude. Man bittet um »eina með öllu«, d.h. ein Würstchen mit gerösteten und rohen Zwiebeln, Ketchup, Remoulade und Senf. Tryggvagata, 101 Reykjavík, Tel. (+354) 511 1566. www.bbp.is

Gay Pride Reykjavík. Die erste Gay Pride Parade fand 1999 statt. Seither hat sich die Veranstaltung zu einem der beliebtesten Feste in Island entwickelt. Höhepunkt des Festes ist die Gay Pride Parade am ersten Samstag im August sowie das Open Air Konzert. www.gaypride.is

Reykjavík Kulturnacht. Dieses Fest wird jährlich am ersten Samstag nach dem 17. August, dem Geburtstag der Stadt Reykjavík, abgehalten. Am Morgen wird der Reykjavík Marathon gestartet und am Nachmittag verwandelt sich die Innenstadt in ein überdimensionales Straßenfest. Galerien öffnen ihre Ausstellungsräume und an mehreren Standorten werden Livekonzerte gegeben. Höhepunkt und Abschluss der Feier ist das große Feuerwerk am Abend. culturenight.is

Iceland Airwaves. Das Musikfestival findet jeweils am ersten Wochenende im November statt. Hier bekommen neue isländische und ausländische Bands Gelegenheit, sich dem heimischen und internationalen Publikum vorzustellen. Von Mittwoch bis Sonntag treten die Bands in verschiedenen Clubs und Pubs auf. Tausende Besucher kommen aus dem Ausland und die Tickets sind schnell ausverkauft. icelandairwaves.is

Festliches

Die Glaskuppel Perlan thront auf den Heißwassertanks.
Fischerboote liegen im Hafen von Hafnarfjörður.
Die Geburtstagsfeier der Stadt Reykjavík beginnt mit dem Marathon am Morgen und endet mit einem großen Feuerwerk.

Hafnarfjörður

Wikinger Fest. Mitte Juni findet in Hafnarfjörður das Wikingerfest statt. Auf dem Marktplatz werden die Gäste mit Schaukämpfen, Spiel und Gesang unterhalten und Handwerker praktizieren ihre mittelalterliche Kunst.

REYKJANES

Visit Reykjanes ist die offizielle Touristeninformation für die Halbinsel Reykjanes. Hier sind die neuesten Informationen zu Hotels und Pensionen, Restaurants, Events u.v.a.m. zu finden. www.visitreykjanes.is

Grindavík

Bryggjan. Im kleinen Café am Hafen von Grindavík genießt man eine gute Aussicht über den emsigen Betrieb am Hafen und bekommt kleine Speisen und Getränke serviert. Miðgarði 2, 240 Grindavík, Tel. (+354) 426 7100.

Salthúsið. Das Restaurant ist auf Klippfisch oder Bacalao spezialisiert. Die Dorsche werden in den Fischfabriken in Grindavík gesalzen und getrocknet. Stamphólsvegi 2, 240 Grindavík, Tel. (+354) 426 9700. www.salthusid.is

Sandgerði

Vitinn. Das Restaurant hat sich neben traditionellen Fischgerichten auf Krebs- und Muschelgerichte spezialisiert. Die Krebssuppe ist eine Delikatesse. Vitatorg 7, 245 Sandgerði, Tel. (+354) 423 7755. www.vitinn.is

WESTISLAND

Visit West Iceland ist die offizielle Touristeninformation für den Westen des Landes. Hier sind die neuesten Informationen zu Hotels und Pensionen, Restaurants, Events u.v.a.m. zu finden. www.west.is

Hvalfjörður

Hótel Glymur. Spa-Hotel mit Jaccuzzi in idyllischer Lage am Fjord Hvalfjörður. Luxuriös ausgestattete Zimmer, Suiten und Villas. Hvalfjörður, 301 Akranes, Tel. (+354) 430 3100 www.hotelglymir.com

Borgarfjörður

Hotel Húsafell. Das geschmackvolle Hotel aus Basalt und Holz im skandinavischen Stil wurde erst 2015 in Betrieb genommen. Luxuriös ausgestattete Zimmer in einem der schönsten Birkenwälder des Landes. Húsafell, 311 Borgarnes, Tel. (+354) 435 1551. www.hotelhusafell.com

Hraunsnef. Idyllisches Landhotel und Restaurant. Zimmer mit Bad und Ferienhütten. Jaccuzzi am Flussufer. Norðurárdal, 311 Borgarnes, Tel. (+354) 435 0111. www.hraunsnef.is

Borgarnes

Eddu veröld. Restaurant mit Hausmannskost und Ausstellung der nordischen Mythologie. Skúlagata 17, 310 Borgarnes, Tel. (+354) 437 1455. www.edduverold.is

Snæfellsnes

Hotel Búðir. Exklusives Landhotel und Gourmet Restaurant in malerischer Umgebung am Fuße des Gletschers Snæfellsjökull. 365 Snæfellsnes, Tel. (+354) 435 6700. www.hotelbudir.is

Hotel Hellnar. Exklusives Landhotel und Restaurant in traumhafter Lage. Das Hotel ist mit dem Umweltzertifikat Green Globe 21 ausgezeichnet. Hellnar, 356 Snæfellsbær, Tel. (+354) 435 6820. www.hellnar.is

Fjöruhúsið. Romantisches Café am Hafen von Hellnar. Nach der Wanderung von Arnarstapi ist ein Morgenkaffee mit Waffel und hausgemachter Rhabarbermarmelade ein absoluter Genuss. Hellnar, 356 Snæfellsbær, Tel. (+354) 435 6844. www.facebook.com/FjoruhusidHellnum

Prímus Café. Bistro und Café mit Terrasse im Besucherzentrum des Snæfellsjökull Nationalparks in Hellnar. Hellnar, 356 Snæfellsbær, Tel. (+354) 865 6740. www.facebook.com/primuskaffi/

Stykkishólmur

Hotel Egilsen. Renoviertes historisches Haus mit viel Charme direkt am Hafen von Stykkishólmur. Alle Zimmer sind mit Bad und Coco Mat Betten ausgestattet. Aðalgata 2, 340 Stykkishólmur, Tel. (+354) 554 7700. www.egilsen.is

Narfeyrarstofa. Gourmet-Restaurant und Café in einem alten renovierten Haus im Ortszentrum. Aðalgata 3, 340 Stykkishólmur, Tel. (+354) 438 1119. www.narfeyrarstofa.is

Viking-Sushi. Auf der Bootsfahrt durch die Inselwelt des Breiðafjörður hat man Gelegenheit, frisch gefangene Jakobsmuscheln, Seeigel und Krebse zu kosten. Seatours, Smiðjustígur 3, 340 Stykkishólmur, Tel. (+354) 433 2254. www.seatours.is

WESTFJORDE

Visit Westfjords ist die offizielle Touristeninformation für die Westfjorde. Hier sind die neuesten Informationen zu Hotels und Pensionen, Restaurants, Events u.v.a.m. zu finden. www.westfjords.is

Vesturbyggð

Kirkjuhvammur. Französisches Café und Bistró in Rauðasandur. Traumhafter Blick über den rotgoldenen Sandstrand. Rauðasandur, 451 Vesturbygðð, Tel. (+354) 770 2161. www.facebook.com/Franska Kaffihusid/

Hotel West. Neu renovierte Pension mit fantastischem Blick über den Fjord Patreksfjörður. Aðalstræti 62, 450 Patreksfjörður, Tel. (+354) 892 3414. www.foxhostel.is

Flateyri

Síma Hostel. Jugendherberge in der alten Post in Flateyri. Zimmer mit gemeinsamem Bad und Schlafsackquartiere. Rad- und Kajakverleih. Ránargata 1, 425 Flateyri, Tel. (+354) 897 8700. www.icelandwestfjords.com

Suðureyri

Fisherman. Hotel und Restaurant in Suðureyri. Das Restaurant Talisman bietet frische Fischgerichte a la carte. Es werden nur Fische aus nachhaltiger Fischerei angeboten. Aðalgata 14, 430 Suðureyri, Tel. (+354) 450 9000. www.fisherman.is

Ísafjörður

Tjöruhúsið. Fischrestaurant im alten Packhaus in Neðstikaupstaður in Ísafjörður. Das Fischbüffet ist ein kulinarisches Erlebnis. Neðstikaupstaður, 400 Ísafjörður, Tel. (+354(456 4419. www.facebook.com/Tjoruhusid

Das Rockfestival »Aldrei fór ég suður« findet jeweils zu Ostern in Ísafjörður statt. Das Volksrokkfestival erfreut sich großer Beliebheit. Alle Rokkgruppen, bekannte wie unbekannte, treten kostenlos auf. Eintritt ist frei. www.aldrei.is

Ísafjarðardjúp

Litlibær. Café im restaurierten Torfhof im Fjord Skötufjörður. Nur im Sommer geöffnet. Man muss sich zwar am Eingang bücken, aber es ist die Mühe wert. Die Waffeln mit hausgemachter Rhabarbermarmelade enttäuschen nicht. Skötufjörður, 401 Ísafjörður, Tel. (+354) 456 4809.

Árneshreppur

Hotel Djúpavík. Hotel und Restaurant im restaurierten Wohnhaus der ehemaligen Heringsfabrik in Djúpavík. Zimmer mit gemeinsamem Bad, Schlafsackunterkunft und Ferienhaus. Djúpavík, 524 Árneshreppur, Tel. (+354) 451 4037. www.djupavik.com

Kaffi Norðurfjörður. Restaurant und Café. Auf dem Menü steht, was gerade frisch angeboten ist. Fisch aus dem Fjord, Lammfleisch aus der Region. Norðurfjörður, 524 Árneshreppur, Tel. (+354) 451 4034. www.nordurfjordur.is

Hólmavík

Strandagaldur. Ausstellung zur Magie und Hexenverfolgung in der Region. Café und Bistró. Die Miesmuscheln sind zu empfehlen. Höfðagata 8-10, 510 Hólmavík, Tel. (+354) 897 6525 www.galdrasyning.is

NORDISLAND

Visit North Iceland ist die offizielle Touristeninformation für den Norden Islands. Hier sind die neuesten Informationen zu Hotels und Pensionen, Restaurants, Events u.v.a.m. zu finden. www.northiceland.is

Hvammstangi

Gauksmýri. Landgästehaus und Reithof nahe Hvammstangi. Längere und kürzere Reittouren in der Umgebung. Der See Gauksmýrartjörn ist ideal zur Vogelbeobachtung. Gauksmýri, 531 Hvammstangi, Tel. (+354) 451 2927. www.gauksmyri.is

Varmahlíð

Bakkaflöt. Landgästehaus, Ferienhütten und Camping. Thermalbad. River Rafting in den Gletscherflüssen Austari und Vestari Jökulsá. Bakkaflöt, 560 Varmahlíð, Tel. (+354) 453 8245. www.bakkaflot.com

Hofsós

Sólvík. Charmantes Restaurant in einem der alten renovierten Holzhäuser am Hafen von Hófsós. Kvosinni, 565 Hofsós, Tel. (+354) 453 7930. www.facebook.com/solvikhofsos

Natürliches

Das Mývatn Naturbad. Vor dem Hof Möðrudalur.
Im Vogelmuseum bei Ytri-Neslönd.
Das alte Hotel Reykjahlíð am See Mývatn.

Siglufjörður

Siglo Hotel. Das neue Hotel wurde auf einer Landauffüllung im Kleinboothafen von Siglufjörður gebaut. Aus den Zimmern kann man dem Kommen und Gehen der Boote zuschauen. Snorragata 3, 580 Siglufjörður, Tel. (+354) 461 7730. www.siglohotel.is

Hannes Boy. Restaurant in einer renovierten Fischfabrik am Hafen von Siglufjörður. Gránugata 19, 580 Siglufjörður. Tel. (+354) 467 1550. www.raudka.is

Hering Festival. Das Fest findet jeweils am ersten Wochenende im August statt und erinnert mit Tanz, Gesang und Musik an die glorreiche Ära des Heringsfangs. sildaraevintyri.fjallabyggd.is/

Tröllaskagi

Gästehaus Skeið. Urgemütlicher Bauernhof am Ende des Tales Svarfaðardalur. Ideal für Bergwanderer und Naturfreunde. Svarfaðardalur, 621 Dalvík, Tel. (+354) 466 1636. www.skeid.net

Dalvík Hostel. Eine der besten Jugendherbergen des Landes in malerischer Umgebung im Fischerdorf Dalvík. Vegamót, 620 Dalvík, Tel: (+354) 865 8391. www.dalvikhostel.com

Dalvík Fischfest. »Der große Fischtag« ist das größte jährliche Fest in der Gemeinde Dalvík und wird immer am ersten oder zweiten Samstag im August gefeiert. Gäste sind zum Fischbüffet eingeladen und die Ortseinwohner laden zur Fischsuppe oder anderen Fischdelikatessen ein. Am Abend Tanz. www.fiskidagurinnmikli.is

Akureyri

Icelandair Hotel Akureyri. Modernes und geschmackvoll eingerichtetes Hotel im Herzen von Akureyri mit großer Terrasse und Garten. Þingvallastræti 23, 600 Akureyri, Tel. (+354) 518 1000. www.icelandairhotels.com

Sæluhús. Ferienhäuser und -wohnungen in Zentrumnähe von Akureyri. Erstklassig eingerichtet. Sunnutröð 2, 600 Akureyri, Tel. (+354) 412 0800. www.saeluhus.is

Laxdalshús. Das älteste Haus in Akureyri aus dem Jahre 1795 beherbergt heute ein urgemütliches Café. Hafnarstraeti 11, 600 Akureyri, Tel. (+354) 462 4162.

Café Laut. Romantisches Café mit großer Terrasse im Botanischen Garten in Akureyri. Zu Mittag werden Suppe und Salatbar angeboten. Nur im Sommer geöffnet. Eyrarlandsvegur 30, 600 Akureyri, Tel. (+354) 461 4601.

Brynja. In ganz Island bekannt für sein gutes Milcheis. Aðalstræti3, 600 Akureyri.

Húsavík

Húsavík Cape Hotel. Familienhotel in der alten Fischfabrik in Húsavík. Nur fünf Minuten zu Fuß zum Hafen und Walmuseum. Laugarbrekka 16, 640 Húsavík, Tel. (+354) 463 3399. www.husavikhotel.com

Kaldbakur Cottages. Sommerhäuser mit Thermalbecken 3 km außerhalb von Húsavík. Einfach tolle Atmosphäre und das Frühstück im restaurierten Kuhstall ausgiebig. Kaldbakur, 640 Húsavík, Tel (+354) 464 1504. www.cottages.is

Mývatn

Vogelmuseum Sigurgeirs. Museum und Café in wunderschöner Lage am Ufer des Sees Mývatn. Ausgiebige Sammlung der isländischen Brutvögel. Ytri-Neslönd, 660 Mývatn, Tel. (+354) 464 4477. www.fuglasafn.is

Vogafjós. Pension und Restaurant im umgebauten Kuhstall in Vogar. Modern ausgestattete Zimmer im Blockhaus. Im Restaurant werden lokale und hausgemachte Spezialitäten angeboten. Vogar, 660 Mývatn, Tel. (+354) 464 3800. www.vogafjos.is

Þórshöfn

Ytra Lón. Die Jugendherberge liegt einsam am Zugang zur Halbinsel Langanes nur wenige Kilometer von Þórshöfn entfernt. Ein idealer Ausgangspunkt zur Vogelbeobachtung. Ytra Lón, 681 Þórshöfn, Tel. (+354) 846 6448. www.facebook.com/YtraLonHostel

Möðrudalur

Fjallakaffi. Café und Pension bei Möðrudalur, dem höchstgelegenen Bauernhof Islands. Schnuppern Sie Hochlandluft. Möðrudalur, 701 Egilsstaðir, Tel. (+354) 471 1858. www.fjalladyrd.is

OSTISLAND

Visit East Iceland ist die offizielle Touristeninformation für den Osten Islands. Hier sind die neuesten Informationen zu Hotels und Pensionen, Restaurants, Events u.v.a.m. zu finden. www.east.is

Fljótsdalshérað

Húsey. Die kleine Jugendherberge liegt im Delta der Gletscherflüsse Jökulsá á Brú und Lagarfljót. Zur Wurfzeit ziehen Seehunde die Flüsse hoch. Nicht selten wird ein Heuler auf dem Hof aufgezogen, der von seiner Mutter verlassen wurde. Hróarstunga, 701 Egilsstaðir, Tel. (+354) 471 3010. www.husey.de

Egilsstaðir

Hotel Eyvindará. Landhotel und Hütten nur wenige Kilometer außerhalb von Egilsstaðir. Eyvindará II, 700 Egilsstaðir, Tel. (+354) 471 1200. www. eyvindara.is

Café Nielsen. Romantisches Restaurant im ältesten Haus von Egilsstaðir. Spezialität des Hauses ist Rentiersteak. Tjarnarbraut 1, 700 Egilsstaðir, Tel. (+354) 471 2626. www.cafenielsen.is

Fljótsdalshérað

Laugarfell. Hochlandhütte an der Straße nach Snæfell und Kárahnjúkar. Nur im Sommer bewirtschaftet. Guter Ausgangspunkt für Wanderungen im Hochland und im Thermalbecken kann man seine müden Muskeln entspannen. Tel. (+354) 773 3323. www.highlandhostel.is

Borgarfjörður eystri

Bræðslan. Seit 2005 beliebtes Musikfestival in der alten Fischfabrik in Borgarfjörður. Die meisten bekannten isländischen Bands sind hier aufgetreten. www.braedslan.is

Seyðisfjörður

Hotel Aldan und Hotel Snæfell. Zwei Hotels und Restaurant in historischen Häusern vom Ende des 19. Jahrhunderts. Großräumige und stilrein eingerichtete Zimmer. Norðurgata 2, 710 Seyðisfjörður, Tel. (+354) 472 1277. www.hotelaldan.is

Skaftfell. Bistro im Künstlerzentrum der Dieter Roth Akademie. Austurvegur 42, 710 Seyðisfjörður, Tel. (+354) 472 1632. www.skaftfell.is

Reyðarfjörður

Reyðarfjörður Hostel. Jugendherberge in zwei Gebäuden und gemütliches Restaurant. Vallargerði 9 und 14, Reyðarfjörður, Tel: (+354) 892 0336. www.hostel.is/hostels/reydarfjordur

Eskifjörður

Ferðaþjónustan Mjóeyri. Pension und Holzhütten auf der schmalen Landzunge Mjóeyri. Fantastische Lage. Thermalbad im umfunktionierten Boot. Das Restaurant Randulffs-sjóhús im restaurierten Bootshaus bietet eine rustikale Atmosphäre. Strandgata, 735 Eskifjörður, Tel. (+354) 477 1247. www.mjoeyri.is

Djúpivogur

Hotel Framtíð. Hotel und Restaurant im alten Kaufladen direkt am Hafen. Der neue Holzanbau passt sich geschmackvoll an das historische Gebäude. Vogaland 4, 765 Djúpivogur, Tel. (+354) 478 8887. www.hotelframtid.com

Langabúð. Heimatmuseum, Café und Kunsthandwerksladen im restaurierten Packhaus am Hafen. Búð 1, 765 Djúpivogur, Tel. (+354) 478 8220.

Höfn í Hornarfirði

Guesthouse Dyngja. Charmante Pension am Hafen von Höfn. Hafnarbraut 1, 780 Höfn, Tel. (+354) 690 0203. www.dyngja.com

Humarhöfnin. Kleines, aber feines Sommerrestaurant spezialisiert auf Hummergerichte. Hafnarbraut 4, 780 Höfn, Tel. (+354) 478 1200. www.humarhofnin.is

Pakkhús. Gourmet Restaurant im historischen Packhaus in Höfn. Krosseyjarvegi 3, 780 Höfn, Tel. (+354) 478 2280. www.pakkhus.is

Viking Cafe. Kleines Café und Hütten am Ufer der Bucht bei Stokksnes. Einfach urig und schön. Horn, 781 Höfn, Tel. (+354) 849 4627. www.vikingcafe.is

Hali Country Hotel. Hotel, Restaurant und Museum, dem isländischen Schriftsteller Þórbergur Þórðarson gewidmet. Nur 12 km von der Gletscherlagune Jökulsárlón entfernt. Hali, 781 Hornafjörður, Tel. (+354) 478 1073. www.hali.is

Harmonisches

An der Felsküste bei Fauskasel. In einem kleinen Pub in Suðureyri. Wellblechverkleidetes Holzhaus in der Innenstadt von Reykjavík. Harmonische Stimmung am Hafen von Eskifjörður.

Öræfi

Fosshotel Glacier Lagoon. Exklusives Hotel und Restaurant in Hnappavellir am Fuße des Gletschers und Vulkans Öræfajökull. Nur wenige Kilometer von der Gletscherlagune Jökulsárlón entfernt. Hnappavellir, 785 Öræfi, Tel. (+354) 562 4000. www.fosshotel.is

Hof 1. Landhotel und Restaurant am Fuße des Gletschers Öræfajökull. Die alten Stallungen und Scheunen sind mit Fliesen ausgelegt und geschmackvoll umgebaut. Restaurant, Sauna und Thermalbereich vervollständigen das Bild. Hof, 785 Öræfi, Tel. (+354) 478 2260. www.hof1.is

SÜDISLAND

Visit South Iceland ist die offizielle Touristeninformation für den Süden Islands. Hier sind die neuesten Informationen zu Hotels und Pensionen, Restaurants, Events u.v.a.m. zu finden. www.south.is

Kirkjubæjarklaustur

Klausturhof Guesthouse. Pension und Restaurant in Kirkjubæjarklaustur direkt neben dem Wasserfall Systrafoss. Klausturvegur 1-5, 880 Kirkjubæjarklaustur, Tel. (+354) 567 7600. www.klausturhof.is

Hrífunes Guesthouse. Die Sommerpension im restaurierten Gemeindezentrum von Hrífunes ist geschmackvoll ausgestattet und vermittelt Gemütlichkeit. Hrífunes, 880 Kirkjubæjarklaustur, Tel. (+354) 863 5540. www.hrifunesguesthouse.is

Vík í Mýrdal

Þakgil. Campingplatz und Sommerhütten in der Schlucht Þakgil. Zahlreiche markierte Wanderwege u.a. zum Gletscher Mýrdalsjökull. Höfðabrekkuafréttur, 871 Vík, Tel. (+354) 893 4889. www.thakgil.is

Hotel Lundi. Hotel, Pension und Restaurant in Vík. Das Restaurant wurde 2013 von TripAdvisor ausgezeichnet. Víkurbraut 26, 870 Vík, Tel. (+354) 487 1212. www.vikhotel.is

Black Beach Restaurant. Direkt am schwarzen Strand von Reynisfjara mit fantastischem Blick zum Meer und Dyrhólaey. Reynisfjara, 871 Vík, Tel. (+354) 571 2718 www.blackbeach.is

Hvolsvöllur

Gamla fjósið. Restaurant im ehemaligen Kuhstall in Steinar am Fuße des Vulkans und Gletschers Eyjafjallajökull. Fleisch und andere Zutaten direkt vom Hof. Hvassafell, 861 Hvolsvöllur, Tel. (+354) 487 7788. www.gamlafjosid.is

Hella

Hotel Leirubakki. Hotel, Restaurant und Reithof am Fuße des Vulkans Hekla. Ständige Ausstellung zu den Vulkaneruptionen von Hekla im Heklazentrum. Leirubakki, 851 Hella, Tel. (+354) 487 8700. www.leirubakki.is

Laugavatn

Lindin. Gourmet Restaurant am Ufer des Sees Laugarvatn. Lindarbraut 2, 840 Laugarvatn, Tel. (+354) 486 1262. www.laugarvatn.is

Hveragerði

Frost og Funi. Spa Hotel und Restaurant am Ufer des Flusses Varmá in Hveragerði. Dampfbad und Thermalbecken werden mit heißem Wasser aus eigener Quelle gespeist. Hverhamar, 810 Hveragerði, Tel. (+354) 483 4959. www.frostogfuni.is

Stokkseyri

Við Fjöruborðið. Das Restaurant am Strand von Stokkseyri ist bekannt für seine Hummergerichte. Eyrarbraut 3A, 825 Stokkseyri, Tel. (+354) 483 1550. www.fjorubordid.is

HOCHLAND

Die isländischen Wandervereine Ferðafélag Íslands (www.fi.is) und Útvist (www.utivist.is) unterhalten zahlreiche Hütten im Hochland mit Schlafsackübernachtung und organisieren kürzere und längere Bergwanderungen.

REGISTER

Erstaunliches

Der Wasserfall Goðafoss.
Walbeobachtung von Húsavík.
Blick durch ein Eisfenster bei Jökulsárlón.
Pseudokrater am See Mývatn.

IMPRESSUM

Verantwortlich: Marianne Rösler
Redaktion: Linde Wiesner
Korrektorat: Viola Siegemund
Satz und Layout: VerlagsService Gaby Herbrecht
Umschlaggestaltung: Pascal Mänder
Repro: Ludwig Media, Zell am See
Kartografie: Astrid Fischer-Leitl
Herstellung: Bettina Schippel
Printed in Slovenia by Florjancic Tisk

★★★★★

Sind Sie mit diesem Titel zufrieden? Dann würden wir uns über Ihre Weiterempfehlung freuen.

Erzählen Sie es im Freundeskreis, berichten Sie Ihrem Buchhändler, oder bewerten Sie bei Onlinekauf.

Und wenn Sie Kritik, Korrekturen, Aktualisierungen haben, freuen wir uns über Ihre Nachricht an Bruckmann Verlag, Postfach 40 02 09, D-80702 München oder per E-Mail an lektorat@verlagshaus.de.

Unser komplettes Programm finden Sie unter www.bruckmann.de

Alle Angaben dieses Werkes wurden von den Autoren sorgfältig recherchiert und auf den neuesten Stand gebracht sowie vom Verlag geprüft. Für die Richtigkeit der Angaben kann jedoch keine Haftung übernommen werden.

Bildnachweis:
Alle Fotos des Umschlags und Innenteils stammen von Max Schmid, mit Ausnahme von:
S. 20/23 (Ausklappseite): Mauritius Images / Rainer Mirau;
S. 69: Áslaug Snorradóttir; S. 88/89: Walter Huber.

Umschlagvorderseite, o.l.: Nahaufnahme isländischer Vegetation;
o.re.: der Strokkur Geysir mit Nordlicht (Mauritius Images/age);
u.: Die wieder aufgebaute Kate Sænautasel (Seekuhhütte) befindet sich in der Jökuldalsheiði südlich des Sees Sænautavatn.
Umschlagrückseite: Der Berg Kirkjufell (463m) liegt im Westen Islands nahe der Stadt Grundarfjörður am westlichen Ufer des Fjordes Grundarfjörður im Norden der Halbinsel Snæfellsnes.

Seite 1: Der See Lónsós liegt in der Nähe von Húsavík in Nordostisland.
Seite 2/3: Holuhraun ist ein Lavafeld im isländischen Hochland nördlich des Vatnajökull.
Seite 26/27: Am Hafen von Reykjavík ist schon von Weitem die neue, glasverkleidete Konzert- und Kongresshalle, Harpa, zu sehen.
Seite 44/45: Farbenfrohe Häuser auf der Insel Flatey im Fjord Breiðafjörður
Seite 70/71: Der See Mývatn (Mückensee) liegt auf dem Gebiet der Gemeinde Skútustaðir im Nordosten Islands im Bereich des Krafla-Vulkansystems.
Seite 96/97: Spannende Spiegelung beim Breiðdalur, dem größten Tal in den Gebirgszügen der isländischen Ostfjorde
Seite 118/119: Dyrhólaey ist eine 115 Meter hoch aufragende Halbinsel im Süden Islands. Die Spitze des Kaps bildet ein Felsentor, durch das Boote fahren können.
Seite 142/143: Die Veiðivötn sind eine Reihe von Kratern und Kraterseen im Süden Islands.
Seite 158/159: Der Kýlingarvatn befindet sich in den Fjallabak Highlands, nahe Landmannalaugar.

Die Deutsche Nationalbibliothek verzeichnet diese Publikation in der Deutschen Nationalbibliografie; detaillierte bibliografische Daten sind im Internet über http://dnb.d-nb.de abrufbar.

ISBN 978-3-7654-8399-8